Reise ins unbekannte Ich

KENJIRŌ YOSHIGASAKI

REISE INS UNBEKANNTE ICH

WEGE ZU EINEM NEUEN WAHRNEHMEN

WERNER KRISTKEITZ VERLAG

Die Originalausgabe erschien 2002 unter dem Titel »Inner Voyage of a Stranger« im Werner Kristkeitz Verlag Heidelberg-Leimen.

Übersetzung aus dem Englischen von Marion Schweinzer
Illustrationen © Aleš Leskovšek, Ljubljana

Umschlaggestaltung: Saskia Vandrey
Umschlagphoto © Ralf Hohaus 2002, verwendet mit freundlicher Genehmigung

Gedruckt in Deutschland

ISBN 3921508630

Internet: www.kristkeitz.de

Vorwort

Lord Yehudi Menuhin war nicht nur der herausragendste
Geigenvirtuose des zwanzigsten Jahrhunderts, sondern auch ein
großer Humanist. Sein Hauptanliegen galt den Fragen
der Erziehung und den Problemen Jugendlicher.
Aus diesem Grund gründete er das Projekt MUSE,
das Kultur und Harmonie in Schulen tragen will, die unter Gewalt
und Diskriminierung leiden.
Als Lord Yehudi Menuhin von Ki-Aikido,
dem »Weg zur Harmonie mit dem Universum« hörte,
wollte er herausfinden, ob diese Kunst ihm bei seinem Vorhaben
helfen könnte.
Hier ist sie nun, die erste Ki-Aikido-Lektion des achtzigjährigen,
im Geiste aber jung gebliebenen und immer noch
wissbegierigen Geigenvirtuosen …

Aus dem Videofilm *The Beginner* (1996)
von Alain de Halleux, Brüssel

Ich kam 1977 nach Europa, um Ki-Aikido zu unterrichten. In den letzten 25 Jahren habe ich Ki-Aikido nicht
nur in ganz Europa, sondern auch in Südamerika und
Südafrika verbreitet.

Schon immer habe ich, bevor ich bei meinen Lehr-
gängen zu den Techniken des Aikido kam, unterrichtet,
wie man leben soll, aber es verlangt tägliches Überlegen
und viel Einsicht, wenn man das Leben verstehen will.

Es genügte nicht, wenn ich meinen Schülern nur
während der Lehrgänge etwas erklärte, um ihnen die
mannigfaltigen Aspekte des Lebens nahe zu bringen. Ich
habe mich entschlossen, dieses Buch zu schreiben, damit
die Menschen es so oft wie möglich lesen können, ihr
ganzes Leben lang.

Das Leben ist eine in sich abgeschlossene Einheit, und
alles, was der Mensch tut, hängt davon ab, wie er das

Leben begreift. Wenn ein Mensch sein eigenes Leben nicht richtig zu begreifen vermag, werden seine Handlungen immer unvollständig bleiben.

Dieses Buch ist nicht nur für meine Schüler konzipiert, sondern für jeden, der das Leben verstehen möchte.

Es hätte nicht erscheinen können ohne die freundliche Unterstützung von Fiona Gordon, Jose Lacey und Marion Schweinzer.

Kenjiro Yoshigasaki
Brüssel, im Februar 2002

INHALT

7
Richtig und Falsch

8
Gewohnheiten

I

LEBEN

1. Was soll ich machen oder wie soll ich es machen?

Viele Leute finden es schwierig, herauszufinden, wie sie leben sollen. Niemand scheint auf diese Frage eine gute Antwort zu haben. Man kann versuchen einen Weg zu finden, der den eigenen Vorlieben oder der eigenen Persönlichkeit entspricht, aber man weiß nie, ob das wirklich der richtige Weg ist. Also gibt man schließlich irgendwann auf und sagt: »Es ist unmöglich, den einzig richtigen Weg im Leben zu finden.«

Wenn es keine Antwort auf eine Frage gibt, muss man sich fragen, ob die Frage richtig gestellt ist. Tatsächlich beinhaltet die Frage »Wie soll ich leben« die Frage »Wie soll ich etwas machen«. Diese Frage – »Wie soll ich es machen« – taucht erst auf, wenn man weiß, was man machen soll. Wenn man nicht weiß, was man machen soll, gibt es die Frage nach dem Wie nicht. Die meisten Leute aber wissen nicht, was sie machen sollen, und das ist das wahre Problem im Leben. Wenn man genau weiß, was man machen soll, kann man immer herausfinden, wie man es machen soll.

Es ist sehr schwierig, herauszufinden, was man in seinem Leben machen soll. Denken Sie nur an all die schwierigen Zeiten in Ihrem Leben! Vermutlich wussten Sie nicht, was Sie machen sollten. Aber wenn Sie erst einmal wussten, was zu machen war, konnten Sie immer einen Weg finden es zu machen – auch wenn es vielleicht nicht der beste oder einfachste Weg war. Die wahre Frage im Leben ist also nicht: »Wie soll ich es machen«, sondern: »Was soll ich machen?«

Die meisten Menschen versuchen mithilfe ihrer Gedanken oder Gefühle zu entscheiden, was sie machen sollen. Aber wenn man anfängt darüber nachzudenken, was man in seinem Leben machen soll, kommt man durcheinander und bekommt Kopfschmerzen. Wenn man die Entscheidung mithilfe seiner Gefühle treffen will, beginnt man zu zweifeln oder wird verantwortungslos. Irgendwann geht man dann vielleicht sogar zu einer alten Wahrsagerin mit einer Kristallkugel und bittet sie, für einen zu entscheiden. Aber es ist unmöglich, sie über alles im Leben zu befragen.

Deswegen gibt man irgendwann auf, sich zu fragen, was man machen soll und fängt an sich zu fragen, wie man das machen soll, was man bereits entschieden hat. Dann muss man bereits getroffene Entscheidungen nicht mehr hinterfragen, das Leben geht ohne Störungen weiter, und man kann es genießen, bessere Möglichkeiten für das »Wie« zu finden. Solange man etwas genießt, kann man all die grundlegenden Fragen im Leben vergessen und ohne Probleme leben. Dennoch bleibt die wahre Frage im Leben noch immer bestehen: »Was soll ich in meinem Leben machen?« Wenn man sich vor dieser wahren Frage versteckt, bleibt irgendwo tief unten immer der Schatten eines Zweifels. Dies wiederum schwächt Geist und Körper. Man kann dagegen körperliche oder geistige Übungen machen, aber darum geht es nicht wirklich. Die wahre Frage – »Was soll ich in meinem Leben machen?« – bleibt.

2. Wahrnehmung und Handlung

Um die Antwort auf eine Frage zu finden, muss man zunächst die Frage genau betrachten. Die Frage »was soll ich in meinem Leben machen« enthält drei wesentliche Wörter: »was«, »machen« und »Leben«. Den Unterschied zwischen »wie« und »was« habe ich bereits erklärt. Jetzt müssen wir »machen« bzw. »handeln«

und »Leben« verstehen. Wie hängen Handeln und Leben zusammen? Die meisten Menschen verstehen das Leben nicht richtig, weil sie viel zu beschäftigt sind darüber nachzudenken, was sie machen sollen oder wie. Aber man muss bis zu den Wurzeln vordringen, um zu einem Ergebnis zu kommen. Deswegen muss man lernen, das Leben als Wahrnehmen und Tun zu verstehen. »Tun« ist leicht zu verstehen. Man tut immer irgendetwas. Aber auch wenn man nichts tut, nimmt man etwas wahr. Es ist unmöglich, nichts wahrzunehmen. Wenn man Schmerzen hat oder unglücklich ist, will man dieses nicht wahrnehmen, aber man kann nichts dagegen tun, es doch wahrzunehmen. Deswegen fangen auch viele Leute zu trinken an, wenn sie Probleme haben oder unglücklich sind. Sie wollen sich betrinken, um ihre Probleme oder ihr Unglücklichsein nicht mehr wahrzunehmen. Aber, was man auch macht, nimmt man seine Probleme oder sein Unglücklichsein noch immer wahr. Irgendetwas nimmt man immer wahr.

Das Leben besteht also aus Tun – oder Handeln – und Wahrnehmen. Da man die Wahrnehmung nicht leicht kontrollieren kann, versucht man normalerweise das Handeln zu kontrollieren. Die Frage, die hierbei entsteht, ist: »Wie kann ich meine Handlungen kontrollieren?« Dazu muss man zunächst verstehen, worauf Handlungen basieren. Die meisten Leute machen ihre Gedanken und Gefühle zur Grundlage ihres Lebens, weil sie glauben, dass ihre Handlungen darauf basieren. Wenn man wissen will, was man machen soll, beginnt man nachzudenken, um zu einer Entscheidung zu kommen. Wenn man sich erst einmal entschieden hat, versucht man sich gemäß seiner Entscheidung zu verhalten. Wenn man mit Nachdenken zu keiner Entscheidung kommt, gibt man das Nachdenken auf, nicht aber das Entscheiden. Man versucht dann mithilfe von Gefühlen oder instinktiv zu einer Entscheidung zu kommen, aber noch immer versucht man etwas zu entscheiden.

Das ist das klassische Konzept, das die meisten Leute akzeptieren. Sofort jedoch fallen zwei Schwierigkeiten auf: Die erste Schwierigkeit ist, sich zu entscheiden. Jeder weiß, wie schwierig es ist eine wichtige Entscheidung im Leben zu treffen. Das ist völlig normal, weil man beim Nachdenken ja zuerst die Wirklichkeit in Worte fassen muss. Diese verbale Interpretation der Wirklichkeit ist nie das Gleiche wie die Wirklichkeit selbst. Die Gedanken geben also nicht exakt die Wirklichkeit wieder, was es unmöglich macht zu einer perfekten Entscheidung zu kommen. Irgendwann muss man sich zu einer Entscheidung durchringen, auch wenn man noch Zweifel hat. Dies tut man, indem man den Denkprozess abbricht, denn solange es Zweifel gibt, denkt man weiter. Und wie geht das? Wenn man sich selbst genau beobachtet, bemerkt man, dass man dazu irgendwo im Körper eine gewisse Anspannung aufbaut. Um den Denkprozess abzubrechen, spannt man meist den Mund oder Nacken an. Aus diesem Grund sind Leute, die häufig wichtige Entscheidungen treffen müssen, oft sehr verspannt.

Wenn man nicht so viel Anspannung im Leben haben will, gibt man die Vorstellung des »Entscheidens durch Denken« auf und versucht ohne Denken zu entscheiden. Man versucht instinktiv oder nach den Gefühlen zu entscheiden. Auf diese Art und Weise kann man Anspannung vermeiden, aber es ist nicht sicher, dass die Entscheidung die richtige ist.

Wenn man erst einmal eine Entscheidung gefällt hat, muss man sie mit dem Körper ausführen, und hierbei ergeben sich wiederum zwei Schwierigkeiten.

Die erste Schwierigkeit ist, dass man auf einen einzelnen Schritt in der Handlung trifft, der nicht durch die Entscheidung beschrieben wird. Da die Entscheidung ja in verbaler Form gefällt wird, kann sie eine Handlung nie gänzlich beschreiben, und somit kann bei ihrer Ausführung eine weitere Frage auftreten, die die Ausführung beeinträchtigt.

Die zweite Schwierigkeit tritt auf, wenn der Körper nicht entsprechend der Entscheidung handeln will. Dieses Phänomen ist leicht zu verstehen, wenn man beobachtet, wie viele Leute Schwierigkeiten haben mit dem Rauchen oder Trinken aufzuhören. Selbst nachdem die Entscheidung getroffen wurde, will der Körper ihr nicht immer folgen.

Wenn man nun mit so vielen Schwierigkeiten konfrontiert wird, wäre es natürlich, das dahinter steckende Konzept – nämlich eine Entscheidung zu treffen und sich dann dementsprechend zu verhalten – anzuzweifeln. Das ist der Anfang der Meditation. Schließlich kann man dann zu der Erkenntnis kommen, dass Handlungen nicht auf Entscheidungen basieren, und wenn man dies erkannt hat, fühlt man sich sehr erleichtert, frei und entspannt. Das Leben scheint plötzlich so einfach zu sein. Diese Erkenntnis nennt man für gewöhnlich Erleuchtung.

Aber was bestimmt dann das Handeln? Das Handeln wird durch die Wahrnehmung bestimmt und nicht durch Gedanken oder Gefühle. »Was soll ich machen« ist nichts anderes als »Welche Handlung soll geschehen«. Unbewusst glaubt man, dass Handlungen von Gedanken, also Entscheidungen, abhängen. Deshalb versucht man zu entscheiden, was man machen soll. Und das ist der grundlegende Fehler. Handlungen hängen eben nicht von Gedanken, Gefühlen, Emotionen etc. ab. Handlungen werden durch die eigene Wahrnehmung in jedem einzelnen Augenblick bestimmt.

Leider hat man die Angewohnheit, Dinge getrennt wahrzunehmen. Wenn man nur einen Gedanken wahrnimmt, wird die Handlung in diesem Augenblick von diesem Gedanken kommen. Wenn man nur eine Emotion wahrnimmt, wird die Handlung in diesem Augenblick von dieser Emotion kommen, und deshalb meint man fälschlicherweise, dass das eigene Handeln auf diesem Gedanken oder dieser Emotion basiert. Es kann passieren, dass

Handlungen, die auf Gedanken und Handlungen, die auf Emotionen basieren, sich widersprechen, was wiederum einen inneren Konflikt oder Anspannung bewirkt. Ein Beispiel: Wenn man ein schönes neues Auto sieht, entsteht eine gewisse Emotion im Körper. Das nennt man dann den Wunsch, dieses schöne Auto zu kaufen. Kurz darauf aber nimmt man einen anderen Gedanken wahr, der einem sagt, dass das reine Geldverschwendung wäre und man es also nicht kaufen soll. Der Wunsch und der vernünftige Gedanke werden dann abwechselnd wahrgenommen und man sagt, man sei in einem inneren Konflikt (Abb. 1).

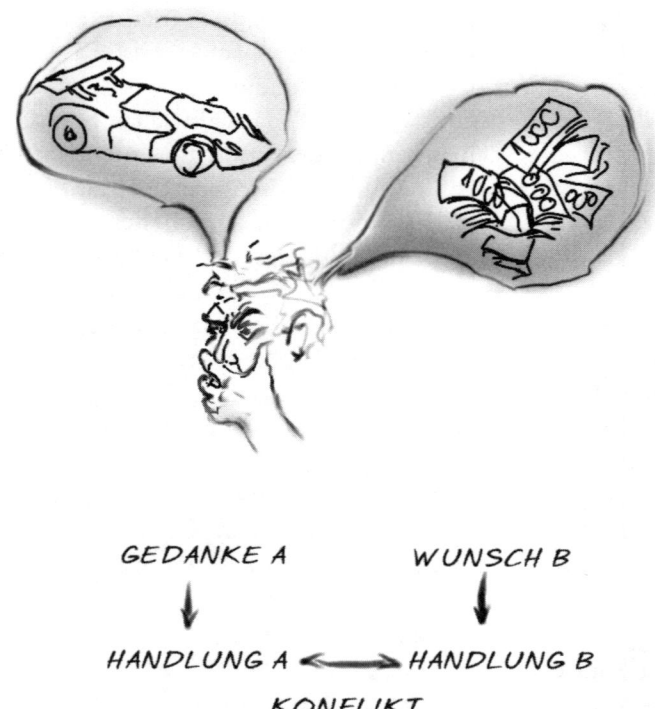

GEDANKE A   WUNSCH B
↓   ↓
HANDLUNG A ⟷ HANDLUNG B
KONFLIKT

Abb. 1

Stattdessen muss man alles zusammen als eins wahrnehmen, und aus dieser gesamten Wahrnehmung entsteht dann eine Handlung (Abb. 2). Dann braucht man zum Handeln keine Entscheidungen mehr. Da die Handlung aus der Gesamtheit der Wahrnehmung entsteht, ist es eine vollständige Handlung. Die einzige Schwierigkeit ist jetzt, diese absolute Wahrnehmung die ganze Zeit aufrechtzuerhalten.

WAHRNEHMUNG

GEDANKEN

WÜNSCHE

GEFÜHLE

HANDLUNG

Abb. 2

3. Wahrnehmung

Was man zu jedem einzelnen Zeitpunkt wahrnimmt, bestimmt das eigene Handeln. Wenn man weiß, was man im Leben tun soll, verschwinden alle anderen Fragen. Schwierig ist, zu verstehen, dass das Handeln durch die Wahrnehmung bestimmt wird.

Zuerst muss man verstehen, was Wahrnehmung wirklich heißt. Wahrnehmung bedeutet, die Welt zu kennen. Wenn ein Baby geboren wird, denkt es nicht, aber es nimmt etwas wahr. Sogar Pflanzen nehmen Wärme oder Licht wahr. Tiere verfügen über mehr Organe zur Sinneswahrnehmung. Pflanzen verhalten sich entsprechend ihrer Wahrnehmung von Licht, Wärme etc. Tiere jedoch können lernen, sodass ihr Verhalten einerseits von dem, was sie gelernt haben, und andererseits von dem, was sie wahrnehmen, abhängt. Was sie gelernt haben, bleibt in ihrem Körper und manifestiert sich als Reaktion auf ihre Umgebung. Wenn man versteht, dass Wahrnehmung die Grundlage jeglichen Lebens ist, versteht man, dass die einzelnen Handlungen im Leben von der Wahrnehmung abhängen und nicht von Gedanken.

Die Manifestation dessen, was ein Mensch oder ein Tier erlebt hat, bezeichnet man normalerweise als Gelerntes oder Gewohnheiten. Bei anderen Tieren ist es vielleicht nicht so, aber Menschen können die Manifestation des Gelernten oder einer Gewohnheit wahrnehmen, und diese Wahrnehmung beeinflusst den Verlauf unserer Handlungen. Unsere Handlungen hängen also noch immer von der Totalität unserer Wahrnehmung ab.

4. Absolute Wahrnehmung

Jetzt ist es wichtig zu verstehen, was mit »absoluter Wahrnehmung« gemeint ist. Manchmal denkt oder fühlt man etwas, was zu einer bestimmten Handlung führt, aber es ist schwierig zu handeln, wenn es zwischen den Gedanken oder den Gefühlen einen Konflikt gibt. In diesen Fällen sagt man: »Ich kann nicht entscheiden, was ich tun soll.« Es reicht also nicht, einen guten Grund für eine bestimmte Handlung zu finden. Wenn man sich fragt, was die richtige Handlung ist, kann es vorkommen, dass man überhaupt keine Antwort auf diese Frage findet. Und trotzdem muss man in jedem Augenblick des Lebens etwas tun. Es ist unmöglich, im Leben rein gar nichts zu tun. Wenn man zu lange darüber nachdenkt, steigt die Verwirrung im Kopf manchmal so weit an, dass Selbstmord der einzige Ausweg zu sein scheint.

Ich werde nun erklären, um was es sich bei der absoluten Wahrnehmung, um die es hier geht, handelt. Man muss es ausprobieren, es genügt nicht, darüber zu lesen. Beginnen Sie an einem freien Tag zu üben, wenn Sie nichts besonders Wichtiges zu tun haben und es deshalb egal ist, was Sie tun. Schließen Sie die Augen und versuchen Sie zu verstehen, was Sie wahrnehmen. Wahrscheinlich nehmen Sie viele Dinge einzeln wahr, und das ist die Schwierigkeit bei der Meditation. Man muss alles zusammen wahrnehmen. (Abb. 3)

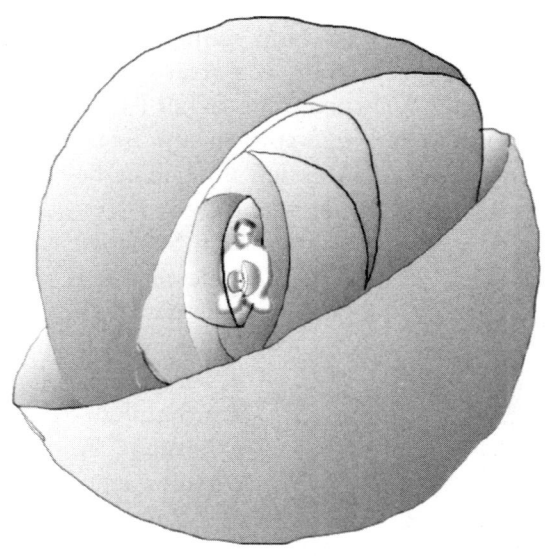

Abb. 3

An dieser Stelle braucht man wahrscheinlich einen Lehrer, der einem helfen kann. Person A steht in natürlicher Haltung und B schiebt sanft mit den Fingerspitzen am Brustkorb von A. A wird sich nun entweder nach hinten bewegen (Abb. 4), oder nach vorne, um dem Druck

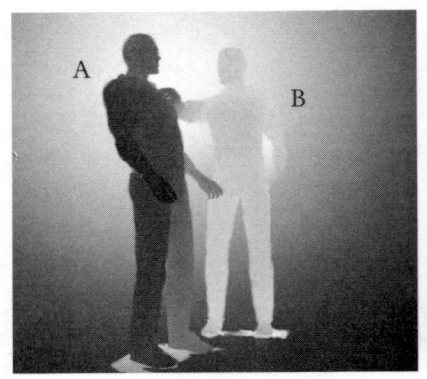

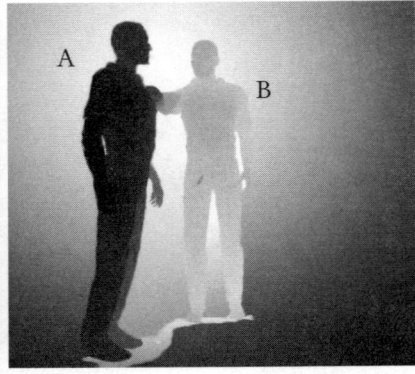

Abb. 4   Abb. 5

von B Widerstand zu leisten (Abb. 5). Wenn dies der Fall
ist, hängt die Handlung von A von seiner Wahrnehmung
des Schiebens von B ab. Nun schließt A die Augen und
nimmt alles zugleich wahr. B wartet ein paar Sekunden,
bis A sich seiner Wahrnehmung sicher ist. Dann schiebt B
wiederum mit den Fingerspitzen am Brustkorb von A,
wie schon zuvor. A wird sich nun nicht bewegen (Abb.
6). Es ist an dieser Stelle wichtig zu wissen, dass A sich
dem Schieben von B nicht
widersetzt. A steht nur
mit natürlicher Stabilität.
Diese natürliche Stabilität
des Körpers entsteht aus
der Stabilität seiner Wahrnehmung. Anders gesagt
entsteht aus der Stabilität
des Geistes ein stabiler
Körper. B darf nicht zu
stark schieben. Wenn B
stärker schiebt als es die
natürliche Stabilität von A
zulässt, wird A seinem
Schieben Widerstand leisten müssen, um sich nicht zu
bewegen und kann so die Stabilität des Geistes nicht
verstehen.

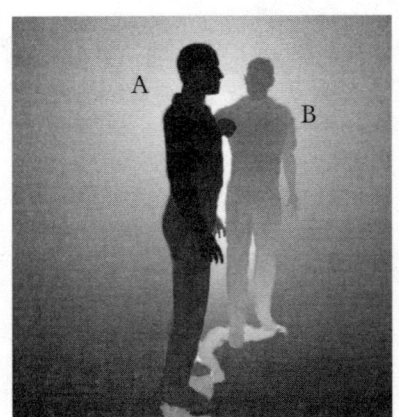

Abb. 6

Wenn man alles zusammen wahrnimmt, wird die Wahrnehmung eins und zur allumfassenden Wahrnehmung. Ich nenne dies »absolute Wahrnehmung«. Wenn man diese Stufe der Wahrnehmung erreicht hat, fühlt man sich sehr entspannt, weil keine inneren Konflikte mehr da sind.

Wenn man Gedanken oder Gefühle einzeln wahrnimmt, tritt eine Identifikation mit ihnen ein. Auf diese Art und Weise entsteht durch einen Konflikt der Gedanken oder Gefühle ein Konflikt im Körper, weil man sich ja entsprechend jedes einzelnen Gedankens oder Gefühls verhalten will. Wenn es im Körper einen Konflikt gibt, hat man einen Konflikt mit sich selbst. Wenn man dagegen alles zusammen wahrnimmt, kann man den Konflikt zwischen den Gedanken oder Gefühlen verstehen, wird aber selbst nicht in den Konflikt hineingezogen, weil man sich nicht entsprechend jedes einzelnen verhält. Man muss dann gar keine Handlung ausführen, weil man wahrscheinlich sehr viele Dinge durch die absolute Wahrnehmung wahrnimmt.

Erhalten Sie diesen Zustand des Nichts-Tuns. Es ist sehr angenehm, weil man ganz entspannt ist. Dann werden Sie feststellen, dass der Körper ohne Ihre Entscheidung anfängt etwas zu tun, und auch während der Körper etwas tut, bleibt der Zustand der absoluten Wahrnehmung erhalten. Dies ist ein meditativer Zustand im täglichen Leben. Man tut selbst nichts, aber der Körper tut etwas. Man nimmt nur wahr. Manche Meditationslehrer nennen dies »Bewusstheit«, aber Wahrnehmen ist etwas anderes. Man kann sich nur einer gewissen Anzahl von Dingen bewusst sein, nicht aber aller Dinge. »Bewusstheit« ist, anders ausgedrückt, eine Art des (Wieder-)Erkennens und bleibt deswegen unvollständig. Wiedererkennen kann immer nur Teile des Ganzen betreffen. Wahrnehmung jedoch bedeutet, dass die Möglichkeit des Erkennens gegeben ist und ist daher allumfassend. Wenn man »sich etwas bewusst ist«, ist man nicht im Zustand der absoluten Wahrnehmung. »Bewusstheit« ist folglich ein unvollständiges Verständnis von Meditation.

Wahrnehmen findet immer ohne Gedanken, Auswahl oder Entscheidung statt, wohingegen das Erkennen darauf beruht. Man erkennt etwas mithilfe von Bildern oder Namen wieder. Wenn man etwas erkennt, benennt man es: ein Haus, ein Hund, Liebe, Hass, etc. Wenn man eine Bewegung erkennt, nimmt man Bilder zu Hilfe; dies ist ein Grund dafür, weshalb Sportlehrer oft versuchen passende Bilder zu finden, um körperliche Bewegungen zu beschreiben und zu unterrichten. Absolute Wahrnehmung entsteht, wenn man ohne Bilder oder Namen ist. Es ist offensichtlich, dass man nicht aktiv wahrnehmen kann. Wenn es möglich wäre, wäre es eine Handlung, aber nicht Wahrnehmung. Unser ganzes Leben lang nehmen wir Dinge wahr, ohne es zu wollen. Manchmal will man etwas Abstoßendes nicht sehen oder hören, aber trotzdem nehmen wir es auch gegen unseren Willen wahr. Alle lebenden Organismen suchen die Nähe von Dingen, die angenehme Gefühle auslösen und versuchen Dinge, die negative Gefühle auslösen, zu vermeiden. Um es noch klarer zu machen, dass Wahrnehmung nichts mit Gedanken oder Bildern zu tun hat, ein Beispiel: Wenn man Musik hört, nimmt man den Klang wahr, und jedes Wort, jeder Gedanke und jedes Bild stören diese Wahrnehmung.

Wenn man absichtlich etwas wahrnimmt, handelt es sich nicht mehr um Wahrnehmung, sondern um Erkennen. Wahrnehmen ist keine Handlung, es geschieht, wenn man frei ist. Man kann sein Leben nicht in einem Zustand kontinuierlicher Wahrnehmung führen, wenn man dies zu tun versucht. Menschliche Wesen können auch nicht nur mit Logik leben. Selbst wenn man versteht, wie wichtig die absolute Wahrnehmung ist, genügt dies nicht, um damit zu leben. Der einzige Grund dafür, dass man wahrnimmt, ist, dass die absolute Wahrnehmung glücklich macht. Wenn man glücklich ist, muss man nichts tun. Natürlich kann man etwas tun, aber es ist nicht notwendig. Anders ausgedrückt: man ist frei von Handlungen, und dann nimmt man natürlicherweise wahr.

Es ist eine Tatsache, dass man Dinge tut, weil man glücklich dabei ist. Wenn man erst einmal verstanden hat, dass die absolute Wahrnehmung dazu führt, dass man ein gewisses Glücksgefühl empfindet, bleibt man natürlicherweise in diesem Zustand. Dann stellt man auch fest, dass es sich um einen natürlichen Zustand handelt und man ihn einfach nicht stören soll, um ihn beizubehalten. Es ist möglich, die absolute Wahrnehmung aufrechtzuerhalten, auch wenn man etwas tut oder redet. Man kann also auf diese Weise ständig glücklich sein, egal was man tut.

Die absolute Wahrnehmung bewegt sich nicht, weil sie den Raum ausfüllt, wohingegen das Wiedererkennen oder die begrenzte Wahrnehmung sich bewegen können oder fest im Raum verankert sind. Wenn man versteht, was absolute Wahrnehmung ist, versteht man auch, dass der Geist sich nicht bewegt. Wenn man jedoch nur Dinge wieder erkennt, hat man den Eindruck, dass der Geist sich dauernd bewegt, und man kann nie vollständig zur Ruhe kommen.

Absolute Wahrnehmung bedeutet nicht, dass man immer alles wahrnehmen soll, denn dies ist unmöglich. Absolute Wahrnehmung heißt, dass das Handeln aus der Absolutheit der Wahrnehmung zu diesem Zeitpunkt entsteht. Diese Absolutheit ist stetig im Wandel, weil auch die eigenen Handlungen zu jedem Zeitpunkt wahrgenommen werden. Manchmal wirken die Handlungen ziemlich chaotisch. Ähnliche Phänomene gibt es in der Chaostheorie. Obwohl das Verhältnis mehrerer Objekte zueinander völlig logisch ist, kann bereits das Einwirken von mehr als drei Faktoren eine sehr chaotische Bewegung auslösen. Aber wie ungeordnet die eigenen Handlungen auch scheinen mögen, ist man in seinem Inneren nicht verwirrt, weil die Handlung aus der Absolutheit der Wahrnehmung entsteht.

5. Der Geist bewegt sich nicht

Was ist die Definition von »Geist«? Zunächst muss man den Unterschied zwischen Definition und Beschreibung erkennen. Wenn man etwas Nicht-Materielles verstehen will, muss man zuerst jedes Wort definieren, mit dem man es beschreiben will.

Der Geist bewegt den Körper, und das ist auch die Definition von Geist. Wenn jemand lebt, bewegt er sich, und auf Grund der Bewegung nimmt man an, dass er lebt. Wenn jemand liegt und sich nicht bewegt, so denkt man, er schläft. Man schüttelt ihn und versucht ihn zu wecken, aber wenn er auch dann nicht anfängt sich zu bewegen, wird man langsam unruhig. Man kontrolliert dann, ob diese Person atmet, und wenn sie das nicht tut, denkt man vielleicht, die Person sei tot. Dann sucht man nach einem Herzschlag, und wenn man auch hier nichts feststellen kann, glaubt man, dass es sich um einen Toten handelt. Aber dennoch muss man versuchen, die Person mittels Herz-Lungen-Massage zu reanimieren, weil es möglich ist, dass das Herz wieder zu schlagen anfängt.

Dies zeigt, dass Leben Bewegung bedeutet. Wenn man sich nicht mehr bewegt, ist man tot. Beim Sterben hört von einem Moment zum anderen die Bewegung auf. Es stellt sich nun die Frage, was den Körper eigentlich zu seinen Bewegungen veranlasst, und genau das ist die Aufgabe des Geistes. »Der Geist bewegt den Körper« ist die Definition von Geist.

Von dieser Definition ausgehend gibt es zwei Möglichkeiten. Die eine ist die wissenschaftliche und philosophische Methode, mit der man versucht herauszufinden, was den Körper anderer Leute bewegt. Die andere Methode ist die der Meditation, mit der man herauszufinden versucht, was den eigenen Körper bewegt. Man begreift dann, dass es die Wahrnehmung ist, die den eigenen Körper bewegt. Da andere Leute aber meine Wahrnehmung nicht kennen können, kann sie nicht Gegenstand einer objektiven Untersuchung sein. Dies ist auch ein großes Problem, wenn jemand fast vollständig gelähmt ist. Die Familie und die Ärzte wissen, dass diese Person wahrnehmen kann, aber sie können nicht wissen, was oder wie viel sie wahrnimmt. Man kann leicht glauben, dass ein Leben in einem vollständig gelähmten Körper nicht lebenswert ist, aber man kann unmöglich wissen, ob diese Person weiterleben will oder nicht.

Wenn die Wahrnehmung eins wird, gibt es ein Zentrum der Wahrnehmung. Wenn man sich in einem ruhigen Zimmer mit geschlossenen Augen hinsetzt, ist der Großteil der Wahrnehmung mit dem eigenen Körper befasst. Das Zentrum der Wahrnehmung ist nahezu mit dem Körperzentrum identisch. (Abb. 7)

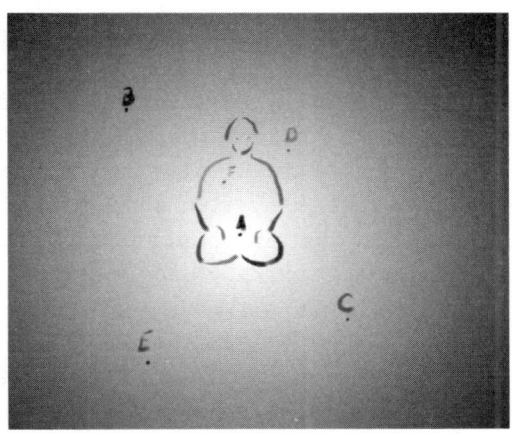

Abb. 7

Im täglichen Leben jedoch sieht man so viele Dinge, dass das Zentrum der Wahrnehmung ständig wechselt. Nehmen wir an, das Zentrum der Wahrnehmung einer

Person befindet sich in Punkt A. Im nächsten Augenblick aber ist es bei Punkt B. (Abb. 8) Hat sich das Zentrum bewegt oder nicht? Jede Art von Materie muss sich bewegen, um von einem Punkt A nach B zu kommen. Da aber der Geist nichts Materielles ist, kann er bei Punkt A verschwinden und bei B wieder erscheinen und somit den Platz wechseln, ohne sich zu bewegen. Deshalb bewegt sich der Geist niemals: er wechselt den Platz, aber ohne sich dabei zu bewegen. Wenn man das verstanden hat, versteht man, was wahre Ruhe und Entspannung ist.

Abb. 8

6. Gedanken und Gefühle

Man muss verstehen, dass sowohl Gedanken als auch Gefühle eine Ausdrucksform dessen sind, was in einem vorgeht. Aber es ist nicht nötig, diese Vorgänge immer in Worten auszudrücken. Es ist besser, die ganze Zeit über wahrzunehmen. Die Schwierigkeit dabei ist es, etwas wahrzunehmen, ohne es in Worte zu fassen. Dazu muss man verstehen, dass man Dinge erkennt, indem man ihnen Namen zuordnet. Dieser Name kann alles sein. »Etwas« ist bereits ein Name. Wenn man sagt: »Ich sehe etwas«, hat man es schon benannt. Wichtig ist nun, gleichzeitig die Wirklichkeit und den Namen, den man dafür verwendet, wahrzunehmen. Dann verschwindet der Name, weil Namen ohne Kontakt zur Wirklichkeit nicht lange im Gedächtnis bleiben können, und man fängt an, die Wirklichkeit ohne störende Einflüsse durch Gedanken oder Bilder wahrzunehmen.

Das Ziel von Meditationstechniken ist es, die gleichzeitige Wahrnehmung der gesamten Welt, innerhalb und außerhalb des Körpers, zu erreichen. (Abb. 9)

Abb. 9

Ich nenne diesen Zustand absolute Wahrnehmung. Jede einzelne Handlung hängt von der absoluten Wahrnehmung ab. Versuchen Sie es mit irgendeiner Form der Meditation, oder setzen Sie sich mit geschlossenen Augen hin oder gehen Sie im Wald spazieren: Sie werden merken, dass die absolute Wahrnehmung zu Ruhe und Entspannung führt, und erkennen, dass alle Handlungen durch die absolute Wahrnehmung bedingt werden. Gedanken und Gefühle sind nur ein kleiner Teil der absoluten Wahrnehmung, den man mit Worten ausgedrückt hat.

7. Wie die Gesellschaft die Trennung erzeugt hat

Die Welt, die man in seinem Leben wahrnimmt, besteht aus zwei verschiedenen Teilen, und zwar aus der Welt innerhalb des eigenen Körpers und der Welt außerhalb des eigenen Körpers. Das grundlegende Problem ist, dass die Gesellschaft Innen und Außen trennt. Dies geschieht, weil die Gesellschaft auf gegenseitigem Einvernehmen basiert. »Gesellschaft« bedeutet nichts anderes als »eine Gruppe von Menschen, die miteinander leben«, und wenn eine Gruppe miteinander lebt, müssen ihre Handlungen koordiniert werden. Dazu muss man eine Basis aus Einvernehmen schaffen, die die Grundlage der Gesellschaft bildet. Die Welt außerhalb des eigenen Körpers kann von allen wahrgenommen werden, und man kann in Bezug auf etwas, was sich außerhalb eines Körpers befindet, eine Art Übereinstimmung finden. Die Welt innerhalb des eigenen Körpers dahingegen kann immer nur vom »Ich« wahrgenommen werden. Andere können Vermutungen anstellen, die aber nicht verlässlich sind. Also können wir kein Einvernehmen über die Welt innerhalb des Körpers eines Einzelnen finden. Aus diesem Grund trennt die Gesellschaft die Welt innerhalb von der außerhalb des Körpers. Tatsächlich ist immer die Welt außerhalb des menschlichen Körpers gemeint, wenn in der Gesellschaft von »Welt« die Rede ist. Die Gesellschaft verwendet auch den Begriff der Wahrnehmung nur für die Welt außerhalb des Körpers und nimmt das Innere des Körpers nicht wahr.

In der Gesellschaft spricht man von den fünf Sinnen oder vom sechsten Sinn. Die fünf Sinne sind das Sehen, Hören, Riechen, Schmecken und Fühlen. Diese fünf Sinne nehmen aber nur die Welt außerhalb des Körpers wahr. Wenn man etwas spürt, ohne dazu die fünf Sinne zu verwenden, nennt man dies den sechsten Sinn. Wenn man jedoch das Körperinnere und die Welt außerhalb des

Körpers zusammen wahrnimmt, wird man feststellen, dass man die verschiedenen Sinne nicht unterscheiden oder aufteilen kann. Man nimmt nur wahr. Mehr kann man dazu nicht sagen. Man weiß einfach nicht, welchen Sinn man dabei verwendet. Wenn man die absolute Wahrnehmung verstanden hat, verliert das Konzept der fünf Sinne seinen Sinn, und das gilt auch für den sechsten Sinn. Die absolute Wahrnehmung ist die Summe aller Sinne und der inneren und äußeren Welt.

Unser Anliegen ist primär das Leben und nicht das Verhalten in der Gesellschaft. Wir können das Innere und das Äußere des Körpers wahrnehmen. Der einzige Unterschied ist, dass man über die Wahrnehmung der Welt außerhalb des Körpers objektiv diskutieren kann, wohingegen die innere Wahrnehmung nicht mit anderen geteilt werden kann. Aus diesem Grund kann auch die Wissenschaft die innere Wahrnehmung nicht erforschen. Heutzutage dominiert die Wissenschaft das Erziehungswesen, und die innere Wahrnehmung wird vernachlässigt. Daher trennen die Leute Wahrnehmung und Gefühle. Gefühle sind eine Interpretation der Wahrnehmung des Inneren mit Worten, und sie können daher mit anderen geteilt werden und auch Gegenstand wissenschaftlicher Untersuchung, der Psychologie, werden.

Hier geht es jedoch um unser eigenes Leben und nicht um wissenschaftliche Untersuchungen, und wir müssen nur wissen, dass wir sowohl innerhalb als auch außerhalb unseres Körpers wahrnehmen. Das Wichtige dabei ist, beides zusammen, als Ganzes, wahrzunehmen. Dies ist auch das Schwierige daran, denn wir haben gelernt, Dinge einzeln wahrzunehmen, was nötig war, um uns als Mitglieder der Gesellschaft, zu der wir gehören, korrekt zu benehmen. Babys trennen das Innere nicht vom Äußeren und haben folglich kein soziales Verhalten. Während man heranwächst, muss man lernen sich richtig zu verhalten. Man lernt, sich gemäß der Wahrnehmung des Äußeren zu verhalten, und vernachlässigt oder unterdrückt dabei oft die innere Wahrnehmung. Wenn wir unseren Mitmenschen diese innere Wahrnehmung mitteilen wollen, übersetzen wir sie in Gefühle oder Gedanken. Auf diese Art können wir leben, ohne die Welt innerhalb unseres Körpers zu sehr zu vernachlässigen. Die Gewohnheit, das Innere und das Äußere voneinander zu trennen, bleibt aber bestehen.

8. Meditation im täglichen Leben

Wenn man bemerkt, dass der Körper etwas tut, ohne dass man sich zuvor dazu entschieden hat und die absolute Wahrnehmung nicht durch die Handlung gestört wird, hat man den ersten Schritt zur Meditation im täglichen Leben getan. Dann kann man auf drei Schwierigkeiten stoßen:

1. Man verliert die absolute Wahrnehmung, weil man zurückfällt in die alte Gewohnheit zu entscheiden, was man tun soll. Dies geschieht, wenn andere einen bitten etwas zu entscheiden. Man fängt an zu überlegen, was man antworten soll – also versucht man sich zu entscheiden. Wenn man sich erst einmal entschieden hat, muss man sich entsprechend der Entscheidung verhalten – und da ist die alte Angewohnheit des Entscheidens wieder. Es gibt nur einen Weg aus diesem Widerspruch heraus. Man muss sagen, was man tun wird, und nicht tun, was man sagt. Es ist möglich zu sagen, was man in der Zukunft tun wird, wenn man sich selbst kennt. Wenn man die Welt innerhalb und außerhalb seines Körpers jederzeit wahrnimmt, ist man in der Lage vorherzusagen, was man unter bestimmten Bedingungen tun wird, und man kann die Fragen anderer Leute beantworten. Wenn man dann feststellt, dass man sich doch anders verhält, kann man einfach sagen, dass man seine Meinung geändert hat.

2. Man verliert die absolute Wahrnehmung, weil man eine Art mentalen Schmerz spürt. Man will diesen Schmerz nicht spüren und trennt die Wahrnehmung wieder, um sich ein bisschen besser zu fühlen. Dies geschieht bei vielen Leuten relativ oft. Man muss zunächst verstehen, dass die absolute Wahrnehmung einen harmonischen, starken und gesunden Körper entstehen lässt. Diese Gesundheit ermöglicht es mit dem Schmerz zu leben, und man lernt, dass es besser ist, mit dem Schmerz zu leben, als vor ihm davonzulaufen.

3. Man verliert die absolute Wahrnehmung, weil man eine sehr wichtige Entscheidung zu treffen hat. Das ist der komplizierteste Aspekt des Lebens. Man muss zunächst sehr intensiv darüber nachdenken, was man im Leben wirklich erreichen oder machen will. Vielleicht will man sehr viele verschiedene Dinge erreichen. Was aber geschieht, wenn man achtzig ist? Jeder Mensch stirbt irgendwann. Was war dann der Sinn der vielen Dinge, die man wollte? Irgendwann wird man erkennen, dass alles, was man wollte, nur dazu dienen sollte, sich wohl zu fühlen. Wenn man dann versteht, dass die Grundlage jeglichen Wohlfühlens die absolute Wahrnehmung ist, ist es offensichtlich, dass es wichtiger ist die absolute Wahrnehmung zu erhalten, als eine wichtige Entscheidung zu treffen. Für diese Erkenntnis braucht man Zeit.

Wenn man erst einmal verstanden hat, dass das Handeln auf der absoluten Wahrnehmung basiert, versteht man auch, dass Entscheiden nur eine Illusion ist. Beim Entscheiden sucht man sich einen Gedanken aus und handelt dementsprechend. Man nimmt also an, dass das Handeln von Gedanken abhängt. Wenn man aber versteht, dass es von der Wahrnehmung abhängt, sieht man auch, wie nutzlos Entscheidungen sind. Ohne Entscheidungen handelt man zu jeder Zeit, und alle Handlungen sind stark, ruhig und entspannt.

Das Ziel von Meditationstechniken ist, zu verstehen, dass das Handeln von der absoluten Wahrnehmung abhängt. Das bedeutet, dass man ohne Entscheidungen handelt. Ohne Entscheidungen zu handeln heißt nicht, nach seinen Gefühlen zu handeln. Man kann nach seinen Gefühlen entscheiden, aber das Handeln basiert immer noch auf einer Entscheidung. Auch intuitives Handeln ist kein Handeln ohne Entscheidung, denn man entscheidet noch immer, gemäß der Intuition. Man kann dies sehr leicht missverstehen. Das Schwierige dabei, gemäß der absoluten Wahrnehmung zu handeln, ist, dass man nicht weiß, was man im nächsten Augenblick tun wird. Vorsicht! Die Zukunft nicht zu kennen heißt nicht, dass man nicht über sie nachdenkt. Man kann und sollte über die Zukunft nachdenken, aber man muss wissen, dass das eigene Handeln frei von diesen Gedanken über die Zukunft sein soll. Es ist wichtig zu denken, denn die Aufgabe des Denkens ist nicht, zu entscheiden, sondern zu verstehen. Wenn man das eigene Leben versteht, wird dieses Verständnis zu einem Teil der absoluten Wahrnehmung und beeinflusst natürlich das Handeln.

Aber noch immer weiß man nicht, was man in der Zukunft tun wird, weil das Handeln nicht auf Entscheidungen basiert, und man bekommt Angst Fehler zu machen. Aber denken Sie an die Fehler, die Sie in der Vergangenheit gemacht haben. Die meisten Fehler geschahen, weil man etwas nicht wusste oder nicht darüber nachgedacht hat. Wenn man versteht, dass das Handeln nicht von Gedanken abhängt, werden die Gedanken frei. Es ist besser einen freien Geist zu haben, als sich immer Sorgen um Fehler zu machen, weil ein freier Geist viele neue Gedanken findet. Dann wird man auch weniger Fehler machen, als wenn man versucht darüber nachzudenken, was man machen soll oder wie man etwas machen soll. Wenn man entsprechend der absoluten Wahrnehmung handelt, macht man weniger Fehler, als wenn man entsprechend der eigenen Entscheidungen handelt.

9. Leben ohne Entscheidungen

Wenn man versteht, dass man leben kann, ohne Entscheidungen zu treffen, spürt man Entspannung und Freiheit. Man ist entspannt, weil es keine Konflikte zwischen Handlungen gibt. Man ist frei von Entscheidungen, weil man nichts mehr entscheiden muss. Diesen Zustand nennt man normalerweise Erleuchtung. Ohne Entscheidungen zu leben bedeutet aber nicht, keine Fragen über die Zukunft zu beantworten. Wenn jemand eine Frage stellt, muss man antworten. Aber das bedeutet nicht, dass man seinen Worten folgen muss. Die Gesellschaft will, dass man seinen Worten folgt, weil sie den Einzelnen so besser kontrollieren kann. In allen Gesellschaften gibt es die soziale Moral »Tu, was du sagst.«

Es ist besser, dem Prinzip »Sag, was du tust« zu folgen. Zuerst wird man handeln, ohne zu wissen, was man im nächsten Augenblick machen wird, aber wenn man länger so lebt, beginnt man sich selbst zu verstehen. Dann kann man seine Handlungen für jeden Fall vorhersagen. Natürlich kann man nur vermuten, aber die Vermutung wird recht präzise sein, weil man sich ja 24 Stunden am Tag beobachtet. Wenn man dann feststellen sollte, dass die Vermutung falsch war, sagt man nur: »Entschuldigung, ich habe es mir anders überlegt.« Je besser man sich selbst versteht, desto akkurater werden die Vermutungen über das, was man in bestimmten Situationen machen wird. Daher ist es möglich, dem Prinzip des »Sag, was du tust« zu folgen, ohne zu viele Fehler zu machen, und man kann harmonisch in der Gesellschaft leben.

Wenn man entscheiden will, was man tun soll, wird man sich selbst nie verstehen, weil man immer von Gedanken, die von der äußeren Welt kommen, beeinflusst wird. Man verirrt sich im kontinuierlichen Informationsfluss unserer Gesellschaft und kann sich selbst nicht finden.

2

GRUNDLEGENDE KONZEPTE DES LEBENS

1. Keine Trennung der Sinne

Welche fünf Sinne dienen der Wahrnehmung? Es sind das Sehen, Hören, Riechen, Schmecken und Tasten. Dies wird normalerweise von der Gesellschaft akzeptiert. Leider jedoch nehmen diese fünf Sinne nur die Welt außerhalb des Körpers wahr und nicht die in seinem Inneren. Welche Sinne verwendet man aber, um im Inneren des Körpers etwas wahrzunehmen? Mit welchem Sinn nimmt man beispielsweise Glück, Unglücklichsein, Elend, Liebe oder Hass etc. wahr? Das ist sehr schwer zu sagen, und deshalb konzentriert sich die Forschung der Wissenschaftler auf die Wahrnehmung des Äußeren, nicht die des Inneren. Natürlich muss man das Äußere wahrnehmen, um ein normales Leben in der Gesellschaft führen zu können, und wenn man nur außerhalb seines Körpers etwas wahrnehmen will, so sind die fünf Sinne ein gutes Konzept. Im Leben aber ist das, was im Inneren des Körpers geschieht, sehr wichtig, und man darf die Wahrnehmung des Inneren nicht vernachlässigen.

Der einzige Weg, sowohl das Leben in der Gesellschaft als auch das innere Leben harmonisch zu führen, ist, das Innere und das Äußere stets zusammen wahrzunehmen. Auch wenn man nicht genau weiß, welche Sinne man dazu verwendet, nimmt man innerhalb und außerhalb des Körpers wahr. Das ist das Wichtigste im Leben. Man erkennt dann auch, dass sich die Bedeutung des Begriffes der Wahrnehmung ändert. Zuvor hat man die Dinge einzeln wahrgenommen, und so lange man getrennt wahrnimmt, entstehen durch die Wahrnehmung verschiedener Aspekte des Lebens Konflikte. Wenn man aber alles zusammen wahrnimmt, gibt es keine Konflikte in der Wahrnehmung mehr. Das ist absolute Wahrnehmung. (Abb. 10)

ABSOLUTE WAHRNEHMUNG DER WELT

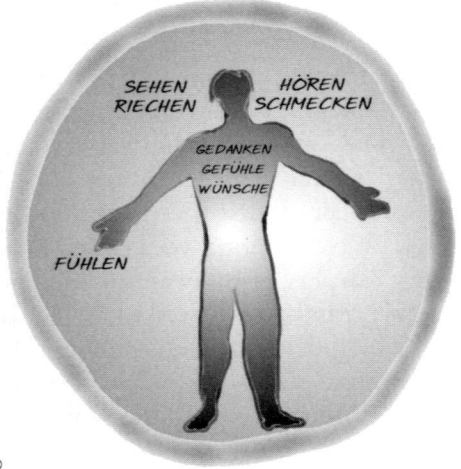

Abb. 10

2. Warum nimmt man wahr?

Wenn man absichtlich etwas wahrnimmt, nimmt man nicht wirklich wahr, sondern erkennt die Dinge wieder. Absolute Wahrnehmung geschieht, wenn man nichts tut. Man tut nichts, wenn man glücklich ist, aber nichts tun heißt nicht »faul sein« oder »nicht arbeiten«. Wenn man faul ist und nicht arbeitet, tut man trotzdem noch etwas, man macht sich vielleicht Vorwürfe oder verspürt mentale Schmerzen. Der einzige Grund dafür, dass man wahrnimmt, ist, dass es glücklich macht. Dies zu verstehen ist das Hauptziel der meisten Meditationstechniken. Man bleibt ruhig, ohne irgendetwas zu tun, und nimmt dann einfach nur wahr, denn wenn man nichts tut, ist Wahrnehmen das Einzige, was man tut.

Wenn man sich in diesem Zustand befindet, empfindet man tiefe Ruhe und ein Glücksgefühl, das tief aus dem Inneren des Selbst kommt. Man erkennt dann, dass die absolute Wahrnehmung ein natürlicher Zustand ist und man ihn nur nicht stören darf.

Man erkennt dann auch, dass man diesen ruhigen und angenehmen Zustand aufrechterhalten kann, auch wenn man etwas tut. Das ist Meditation im täglichen Leben. Auch die Bedeutung des Handelns ändert sich vollständig. Man verliert das Interesse daran, etwas zu tun, weil man sich auch dann wohl fühlt, wenn man nichts tut. Alles was man machen muss, ist das Glücksgefühl zu erhalten, auch wenn man etwas macht. Da man aber nichts Besonderes machen muss, sind auch die Entscheidungen nicht so wichtig. Auch was man macht, ist nicht so wichtig. Wichtig ist, das Glücksgefühl zu erhalten. Deshalb kommen alle Handlungen aus der Wahrnehmung.

3. Was ist absolute Wahrnehmung?

Die absolute Wahrnehmung bewegt sich nicht, weil sie den ganzen Raum rund um den Mittelpunkt der Wahrnehmung ausfüllt. Hingegen kann sich das Erkennen von etwas bewegen oder im Raum fixiert sein. Wenn man versteht, was absolute Wahrnehmung ist, versteht man, dass der Geist sich nicht bewegt. Wenn man nur Dinge erkennt, hat man den Eindruck, dass der Geist sich stets von einem Ding zum Nächsten bewegt, und man kommt nie zur Ruhe.

Versuchen sie Folgendes: A setzt sich hin und nimmt den gesamten Raum absolut wahr, also alles, innerhalb und außerhalb des Körpers. Wenn B nun sanft am Körper von A schiebt, bewegt sich A nicht. Dann schiebt B in schneller Abfolge an verschiedenen Stellen des Körpers von A (Brust, Rücken, Schulter, Knie etc). Wahrscheinlich wird A sich anspannen, seine Stabilität verlieren und schließlich umkippen. Dies geschieht, weil A seine absolute Wahrnehmung verliert und sein Geist von einem Punkt, an dem B schiebt, zum nächsten springt. (Abb. 11)

Als Nächstes schließt A die Augen und konzentriert seinen Geist auf die Vorstellung, dass seine Wahrnehmung sich von seinem Mittelpunkt heraus ausdehnt beziehungsweise sich darin zusammenzieht. Auch wenn B nun versucht, A zu stören, indem er an verschiedenen Stellen schiebt, bleibt A nun ruhig und stabil. Die Wahrnehmung, die A vom gesamten Raum hat, wird nicht gestört. (Abb. 12)

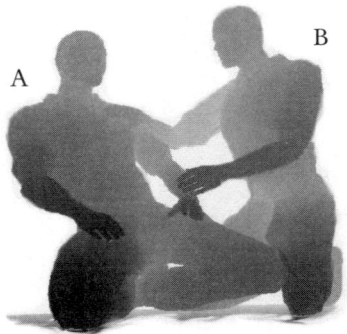

Abb. 11

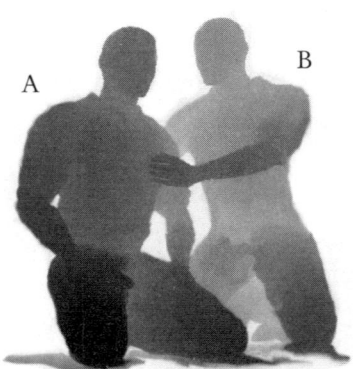

Abb. 12

4. Was bedeutet »ein Konzept erstellen«?

Im Englischen ist das Wort »to conceive« etwas Besonderes. Im Lateinischen, aus dem das Wort kommt, bildet es mit »to perceive« ein schönes Paar, »to conceive« (to conceive a child = ein Kind empfangen, to conceive a plan = einen Plan haben, ausarbeiten) und »to perceive« (to perceive something = etwas wahrnehmen).

Dahingegen ist es schwierig, dieses Wortpaar in eine germanische Sprache wie das Deutsche zu übersetzen. Wenn ich vor Zuhörern in Deutschland oder in den Niederlanden spreche, hat der Übersetzer mit diesen beiden Wörtern immer viele Schwierigkeiten, besonders aber mit dem Wort »to conceive«. Es ist wichtig zu wissen, dass das englische »to conceive« auch die Empfängnis eines Kindes bedeuten kann. Beide Bedeutungen beziehen sich auf etwas Schöpferisches – »to conceive« bezieht sich also entweder auf Babys oder auf Konzepte oder Vorstellungen. Im Deutschen kann »to conceive« nicht mit dieser Zweideutigkeit als Verb wiedergegeben werden. Das Wort »Konzeption« als Nomen jedoch enthält diese Ambiguität: »Konzeption« ist entweder das Ausarbeiten eines Plans oder Konzepts, oder der Zeitpunkt der Empfängnis einer Frau.

Es ist wichtig zu verstehen, dass Gedanken das Ergebnis und die Ausdrucksform von Konzepten sind. Es ist nicht immer notwendig, Konzepte in Worten auszudrücken. Aber alle Handlungen basieren auf Konzepten, und so kommt es, dass man seine Konzepte meistens durch Handlungen ausdrückt. Andere Ausdrucksformen von Konzepten sind zum Beispiel Musik, Tanz, darstellendes Spiel, Malerei oder Fotografie. Gedanken sind nur eine Möglichkeit, Konzepte auszudrücken. Es trifft zu, dass im täglichen Leben oft Worte und Gedanken dazu dienen, Konzepte auszudrücken. In der Schule lernt man logisch zu denken, also einer Logik zu folgen. Dies mag notwendig sein, wenn man andere von etwas überzeugen will oder um die Naturwissenschaften zu verstehen. Das Wichtigste an Gedanken ist aber nicht, andere zu überzeugen, sondern seine Konzepte in Worte zu fassen. Um Gedanken zu entwickeln, muss man Konzepte haben oder erarbeiten, statt zu denken. Genau wie beim Computer, bei dem die eigentliche Arbeit beendet ist, wenn der Text auf dem Bildschirm erscheint, hat auch das Gehirn seine

Tätigkeit bereits beendet, wenn der Gedanke da ist, und es ist eine Illusion zu glauben, dass man denken muss, um einen Gedanken zu haben. Alles, was man mit Gedanken machen kann, ist, sie wahrzunehmen, und während man wahrnimmt, bildet das Gehirn Konzepte, und die Gedanken verschwinden. Wenn das Gehirn keine Gedanken enthält, bildet es Konzepte und drückt diese Konzepte aus, und ein neu entstandener Gedanke erscheint. Auf diese Weise verwendet man sein Gehirn richtig.

Wozu soll man aber Gedanken ausdrücken? Wenn man ein Konzept bildet, so heißt das, dass man seinen Wahrnehmungen ein neues System oder eine neue Ordnung gibt. Wenn ein neuer Gedanke erscheint, so wird er zu einem Teil der neuen Wahrnehmung, das Gehirn bildet ein neues Konzept, und es entsteht ein neuer Gedanke. Auf diese Art und Weise arbeitet das Gehirn mit Konzepten, bildet neue Konzepte und findet neue Ausdrucksformen dafür – die Gedanken. Deswegen muss man seine Konzepte auch ausdrücken können. Je besser man seine Konzepte ausdrücken kann, desto besser stehen die Chancen, neue Konzepte zu entwickeln.

Manche Informationen oder Gedanken jedoch verursachen einen gewissen Schmerz, der es schwierig macht sie richtig wahrzunehmen. Es ist notwendig, sie trotzdem wahrzunehmen, weil das Gehirn Dinge nur vergessen kann, wenn sie eine Ordnung haben. Ohne Ordnung kommen störende Gedanken immer wieder und nörgeln gewissermaßen an einem herum. Aus diesem Grund muss man auch unangenehme und schmerzhafte Dinge wahrnehmen. Dann kann das Gehirn damit arbeiten, eine neue Ordnung etablieren, und der Schmerz verschwindet. Da das Gehirn dabei sehr hart arbeitet, entstehen neue Konzepte, die man ausdrücken kann, und man kann so ein Leben führen, bei dem man durch Schwierigkeiten oder Schmerzen weiser und stärker wird.

5. Konflikte zwischen Gedanken und Gefühlen

Unbewusst glaubt man vermutlich, dass Handlungen von Gefühlen und Gedanken kontrolliert werden, und daher glaubt man auch, dass sich der Geist aus Gedanken und Gefühlen zusammensetzt. Das jedoch führt zu Konflikten zwischen ihnen. Sowohl in Europa als auch in Japan leiden die Leute schon lange unter diesem Konflikt. Man muss dies genauestens untersuchen, um die Welt und sich selbst zu verstehen.

Reine Gefühle sind keine Gedanken, und deshalb fühlt man zu Beginn eines Konfliktes zwischen Gedanken und Gefühlen nur, dass irgendetwas nicht stimmt. Dieses Gefühl fasst man sofort in Worte und beginnt es zu analysieren. Normalerweise findet man auch den »Grund« für sein Unwohlsein, und dieser »Grund« ist der Konflikt zwischen dem logischen Denken und den Gedanken, die die Gefühle repräsentieren. Diese beiden Gedanken beginnen dann zu kämpfen. Dies nennt man Dualismus.

Manchmal siegt einer der beiden Gedanken und man folgt dann diesem siegreichen Gedanken. Man hat den Krieg gewonnen. Wenn man aber dazu neigt, in seinem Körper einen Krieg anzuzetteln und dann dem Sieger zu folgen, so wird man dies auch außerhalb seines Körpers tun. Manchmal gewinnt keiner der beiden Gedanken und man beginnt eine Art geistige Debatte im Kopf, was wiederum zu einem Konflikt zweier Gedanken und zu Unwohlsein führt. Dann beginnt auch der Körper unter dieser Unklarheit zu leiden, und es entstehen mehr Unklarheiten, weil der Körper ja unter dem ursprünglichen Gefühl – »hier stimmt etwas nicht« – und unter dem Gefühl des Konflikts zweier konkurrierender Gedanken leidet. Es ist genauso, wenn zwei kleine Staaten einen Krieg führen und sich daraufhin große Staaten einmischen, worunter die Leute noch mehr leiden.

Wenn man diese verzwickte Situation verstanden hat, stellt sich die Frage, was man tun soll. Zunächst muss man bei seinem ursprünglichen Gefühl – »hier stimmt etwas nicht« – verharren und es nicht mit Worten interpretieren.

Darum geht es beim Meditieren, und man sollte es so oft wie möglich tun. Die einfachste Methode es zu üben ist es, gar nichts auszudrücken. Das erfordert aber eine stetige Kontrolle über den Körper, der weiterhin alles wahrnimmt. Man kann es normalerweise üben, indem man über einen längeren Zeitraum hinweg nichts sagt. Schweigen als Übungsform gibt es in fast jeder Religion, aber man muss dafür nicht in eine Kirche oder einen Tempel oder zu einem Meditationsseminar gehen. Man kann es einfach im täglichem Leben praktizieren. Am besten übt man es, wenn man aufhört zu reden, sobald man merkt, dass man streitet. Es ist nicht leicht einfach aufzuhören zu streiten, aber es ist die beste Übung. »Immer das letzte Wort haben« ist eine schlechte Angewohnheit. Man sollte in der Lage sein einfach zu schweigen und die anderen sagen zu lassen, was sie wollen. Dann kann man im täglichem Leben alles wahrnehmen.

Man muss 24 Stunden am Tag üben, weil man sich sonst nur einer Sache bewusst wird und nicht wirklich wahrnimmt. Der Hauptunterschied zwischen »wahrnehmen« und anderen Bezeichnungen wie »bewusst sein« oder »wachsam sein« ist, dass »wahrnehmen« einen anhaltenden Zustand beschreibt und die beiden anderen nicht. Man kann alles zu jeder Zeit wahrnehmen, aber es ist unmöglich, sich stets aller Dinge bewusst zu sein oder stets wachsam zu sein. Deshalb beschreiben diese beiden Bezeichnungen die Meditation nicht richtig. Meditation sollte immer 24 Stunden am Tag andauern.

Während man übt, wird man vermutlich etwas wortkarg. Aber das ist nicht schlimm, denn wenn man erst einmal verstanden hat, was Wahrnehmung ist, wird man freier, was wiederum bedeutet, dass man die absolute Wahrnehmung aufrechterhalten und trotzdem viele Dinge ausdrücken kann. Und während das Vertrauen in die eigene kontinuierliche Wahrnehmung wächst, wird man immer freier dabei, sich auszudrücken, und man versteht sein wahres Ich.

6. Leben

Ich schlage also Wahrnehmung und das Bilden von Konzepten an Stelle von Gedanken und Gefühlen vor. Die Wahrnehmung sollte die Gefühle ersetzen und das Bilden von Konzepten das Denken. Beides geschieht ohne Worte. Es ist wichtig zu wissen, dass Worte außerhalb des Gehirns nicht existieren. Man hört keine Worte, sondern nur einen Ton, den das Gehirn als Worte interpretiert. Auch in Büchern sieht man nur bestimmte Formen, die das Gehirn in Worte umsetzt. Worte sind nur die Interpretationen von Dingen, die man erkennt. Die wirkliche Welt enthält keine Worte. Auch die Wahrnehmung findet ohne Worte statt. Dann erkennt man auch den Unterschied zwischen Wahrnehmung und Gefühlen. Gefühle hängen immer mit Wörtern zusammen. Die gleiche Beziehung besteht zwischen Konzepten und Gedanken. Gedanken sind die Manifestation der Konzepte mithilfe von Worten.

Man lernt sich mit Worten auszudrücken genauso wie man lernt sich mit Musik oder Tanz auszudrücken. Im Gehirn jedoch muss das Konzept ohne Worte gebildet werden. Wenn man wahrnimmt, bildet das Gehirn aus dieser Wahrnehmung automatisch Konzepte, man muss das nicht in Auftrag geben. Es geschieht automatisch. Genauso wie wenn man Daten in seinen Computer eingibt und dieser automatisch zu arbeiten anfängt, beginnt das Gehirn automatisch mit dem Bilden von Konzepten, wenn man etwas wahrnimmt. Die Qualität eines Konzepts hängt von der Qualität der Wahrnehmung ab, weshalb die absolute Wahrnehmung stets besser ist. Dann gibt es zwischen den einzelnen Konzepten keine Konflikte, und auch das Leben ist ohne Konflikte. Es ist wichtig zu wissen, dass Konzepte ohne Worte entstehen. Wenn man keine Worte im Gehirn hat, arbeitet das Gehirn sehr effektiv. Man nennt dies »keine Gedanken«. Das Ergebnis kann man natürlich mit Worten ausdrücken; viele Schriftsteller und Dichter bedienen sich dieser Technik.

Da sowohl Gedanken als auch Gefühle Formen des Ausdrucks sind, sind sie Teil der Wahrnehmung des Körperinneren. Natürlich gibt es auch die Welt außerhalb des Körpers, und die absolute Wahrnehmung enthält beides. Die Wahrnehmung enthält also nicht nur die Welt innerhalb des Körpers und die Welt außerhalb des Körpers, sondern auch die eigenen Handlungen, einschließlich der Gefühle und Gedanken. Alles was man erkennt, kommt von Konzepten, die man unbewusst verwendet, während man wahrnimmt. So entsteht durch neue Konzepte eine neue Wahrnehmung der Welt und die neue Wahrnehmung ihrerseits bringt ein neues Konzept hervor. Das ist die natürliche Entwicklung des Lebens. Leben kann man folgendermaßen darstellen:

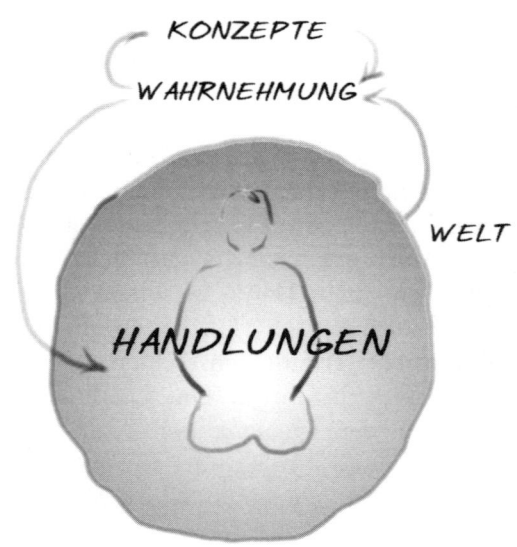

Abb. 13

3

WAHRNEHMUNG

1. Der Unterschied
zwischen Körperwahrnehmung und Gefühlen

Die meisten Menschen verwenden zwei Wörter, um zu beschreiben, was in ihrem Körper vorgeht: Gedanken und Gefühle. Tatsächlich bedeutet dies, dass sie verbale und nonverbale Elemente dazu verwenden. Gedanken sind Wörter in unserem Körper, die man aussprechen oder aufschreiben kann, und Gefühle sind keine Wörter, aber man kann sie erkennen und schließlich mit Wörtern ausdrücken. Durch die Psychologie hat die Gesellschaft erfahren, dass man seine geistige Gesundheit aufrechterhalten kann, indem man seine Gefühle zum Ausdruck bringt. Wenn man daran interessiert ist, anderen zu helfen, so kann dies ein geeigneter Ansatz sein.

Wenn man jedoch daran interessiert ist, sein eigenes Leben zu führen, ist es besser, seine Gefühle nicht auszudrücken. Wenn man mit seinen Gefühlen etwas machen möchte, geht man tatsächlich nur mit etwas um, was man in Worte gefasst hat, weil man eben die Angewohnheit hat seine Gefühle in Worte zu fassen. Es ist jedoch unvermeidlich, dass die echten Gefühle und ihr verbaler Ausdruck verschieden sind, und so wird jedes Mal, wenn man mit den verbalen Ausdrucksformen seiner Gefühle umgeht, etwas im Inneren des Körpers verzerrt. Daraufhin entsteht noch mehr Verwirrung im Körper. Man muss sich stattdessen in Erinnerung rufen, dass eine in Worte gefasste Körperwahrnehmung Gefühl genannt wird. Indem man die Wahrnehmung ausdrückt, wird sie verzerrt, weil sie mit einer in der Erinnerung gespeicherten Erfahrung assoziiert wird. Es ist notwendig, sich mit Worten auszudrücken, wenn man mit anderen Leuten kommunizieren will, aber es ist nicht notwendig, wenn man sich mit sich selbst befasst.

Warum also nimmt man nicht einfach das Innere des Körpers wahr, ohne es zu benennen oder es auszudrücken? Wenn man das, was man in seinem Inneren wahrnimmt, nicht benennt, bleibt der Körper eins und funktioniert richtig. Sobald man es aber mit Worten benennt, isoliert man dadurch einen Teil seiner Körperwahrnehmung und stört so das reibungslose Funktionieren des Körpers. Es ist sinnvoll, das Konzept der Gefühle zu verstehen, besonders wenn man anderen Menschen helfen will, aber es ist nutzlos und sogar schädlich, wenn man es auf sich selbst anwendet. Außerdem wird man feststellen, dass das, was man in seinem Körper wahrnimmt, sehr gehaltvoll ist – wie Musik oder Malerei. Es ist viel gehaltvoller und vielschichtiger als Gefühle, die ja nur Worte sind. Das ist normal, da ja Gefühle nur verbale Ausdrucksformen der Körperwahrnehmung sind. Es ist aber leider auch wahr, dass die meisten Menschen die Vielschichtigkeit der Musik oder Malerei nicht verstehen und sie nur mit Worten beschreiben. Man muss lernen seinem Körper zuzuhören, genau wie man der Musik zuhört oder Kunstwerke betrachtet, ohne sie mit Worten zu interpretieren.

Natürlich sollte man die Gefühle anderer Leute respektieren. Aber wenn man es versucht, mag man Erfolg haben bei Leuten, die in derselben Gefühlstradition leben, bei Fremden oder Ausländern aber völlig falsch liegen, weil sie andere Gefühlstraditionen haben. Dies ist der Fall, weil man immer versucht die Gefühle der anderen zu erraten. Es ist gut, in fremde Länder zu reisen, und noch besser, dort zu leben. Dann kommt man nicht umhin zu verstehen, dass jede Kultur ihre eigene Gefühlswelt hat, die man komplett missverstehen kann.

Es gibt noch eine andere Möglichkeit mit den Gefühlen anderer umzugehen. Menschen können viel mehr wahrnehmen als das, was man erkennen und in Worte fassen kann. Wenn man es aufgibt, sich in Worten auszudrücken – wenn man also aufgibt, die Gefühle anderer verstehen zu wollen –, und einfach nur alles zusammen wahrnimmt, basieren die Handlungen auf der absoluten Wahrnehmung, und ganz natürlich wird man harmonisch mit den anderen Menschen zusammenleben. Wenn man also absolut wahrnimmt und seine Handlungen auf diese absolute Wahrnehmung gründet, werden die eigenen Handlungen ganz natürlich die Gefühle der Mitmenschen respektieren. Es ist nicht immer richtig, die Gefühle anderer Leute zu respektieren, wenn diese kein harmonisches Leben führen. Aber es ist unmöglich, durch Denken herauszufinden, wann man sie respektieren sollte und wann nicht. Wenn die Handlungen auf der absoluten Wahrnehmung beruhen, geschieht es auf ganz natürliche Weise, dass man ihre Gefühle nur dann respektiert, wenn man sie respektieren sollte.

2. Der Unterschied zwischen Wahrnehmen und Erkennen

Wahrnehmung findet immer ohne Gedanken, Auswahl oder Entscheidung statt, wohingegen das (Wieder-)Erkennen sie benötigt. Man erkennt Dinge mithilfe von Namen oder Bildern wieder. Wenn man etwas erkennt, benennt man es – Haus, Hund, Liebe, Hass etc. Wenn man eine Bewegung erkennt, tut man dies mithilfe von Bildern. Beim Erlernen körperlicher Bewegungen helfen geeignete Bilder.

Wahrnehmung geschieht, wenn man ohne Namen oder Bilder ist. Es ist offensichtlich, dass man nicht aktiv wahrnehmen kann. Wenn man es könnte, wäre es eine Handlung und keine Wahrnehmung. Solange wir leben, nehmen wir wahr, ohne es zu wollen. Manchmal wollen wir hässliche Dinge oder Geräusche nicht wahrnehmen, aber wir können es nicht verhindern. Um dies zu kompensieren, streben alle Lebewesen den Dingen entgegen, die angenehme Gefühle verursachen und versuchen die Dinge, die unangenehme Gefühle auslösen, zu meiden.

Wenn man Musik hört, nimmt man den Klang wahr, und jedes Wort, jedes Bild und jeder Gedanke stört die Wahrnehmung. Die Wahrnehmung ist von Natur aus immer absolut, das Erkennen immer nur teilweise. Wenn man Dinge erkennt und somit die Wahrnehmung verliert, verliert auch der Körper seine Stabilität. Deswegen kann man körperlich überprüfen, ob man im Zustand absoluter Wahrnehmung ist oder nicht. Um den Zusammenhang zwischen Wahrnehmung und Erkennen zu verstehen, kann man ihn mit dem Verhältnis zwischen Raum und Objekt vergleichen. Die meisten Menschen schauen auf das Objekt, weil sie es erkennen. Der Raum hingegen, den das Objekt einnimmt, kann nur durch ein Konzept verstanden werden. Die Wahrnehmung wird von Konzepten geleitet.

Wahrnehmung schließt die Möglichkeit des Erkennens ein. Es ist wichtig, den Zustand erkennen zu können, den der Körper bei absoluter Wahrnehmung einnimmt. Der Körper ist das Ergebnis von Wahrnehmung und Erkennen. Die Konzepte im Gehirn bestimmen, was man mithilfe der Wahrnehmung erkennt. Ihrerseits entstehen die Konzepte im Gehirn erst, wenn man die Bewegungen der Welt innerhalb und außerhalb des Körpers wahrnimmt. Auf diese Weise stehen das Leben und die Welt in stetigem Austausch miteinander.

3. Der Mittelpunkt der Wahrnehmung

Wo liegt der Mittelpunkt der eigenen Wahrnehmung? Wenn man allein ist und die Augen schließt, wird er naturgemäß im Mittelpunkt des Körpers sein, der sich irgendwo im Unterbauch befindet. Wenn man mit anderen Leuten oder Dingen in Kontakt steht, so wird diese Person oder dieses Ding zum Zentrum der Wahrnehmung. Das Zentrum der Wahrnehmung verändert sich immer wieder.

Viele Anhänger von Meditation neigen dazu, dieses Zentrum an einem bestimmten Ort zu verankern. Dies kann zu einer gewissen Ruhe und Entspannung führen, weil es einem erlaubt, frei von Gedanken oder Gefühlen zu sein, aber es ist nicht der richtige Zustand. Im richtigen Zustand absoluter Wahrnehmung im täglichen Leben verändert sich das Zentrum der Wahrnehmung immerzu, je nach der Beziehung zwischen einem selbst und der Welt.

Wie erkennt man das Zentrum der Wahrnehmung im täglichen Leben? Man erkennt es durch die Harmonie. Wenn man das richtige Zentrum findet, wird die Welt schön und harmonisch. Man kann es mit der Fotografie vergleichen. Ein gutes Foto ist harmonisch und schön, weil es auf natürliche Weise ein Zentrum für den Betrachter entstehen lässt. Man muss das Foto selbst und die Wirklichkeit, die es darstellt, verstehen. Man stelle sich ein Foto von Menschen vor, die im Krieg leiden. Die Wirklichkeit, die das Bild darstellt, ist schrecklich, sogar so schrecklich, dass uns manchmal der Mut verlässt ihr ins Gesicht zu sehen, aber ein gutes Foto an sich ist immer noch schön und harmonisch, und wir können es so oft und so lang wir wollen betrachten, egal wie schrecklich die dargestellte Wirklichkeit ist. Auf diese Art und Weise kann ein gutes Foto dabei helfen, sich der schrecklichen Wirklichkeit zu stellen, was wiederum auf natürliche Weise helfen wird, Frieden in der Welt zu schaffen. Genau so ist es, wenn man die Welt mit dem richtigen Zentrum wahrnimmt: die Welt wirkt schön und harmonisch, auch wenn sie schreckliche Tatsachen enthält, wie zum Beispiel Menschen, die sich gegenseitig umbringen. Wenn man das richtige Zentrum gefunden hat, so erlaubt dies, stets der Wirklichkeit ins Gesicht zu sehen und so unser Leben und die Welt harmonisch in Einklang zu bringen.

A steht in natürlicher Haltung und hält den Arm nach vorne. Wenn B nun am Handgelenk von A nach oben schiebt, wird entweder der Arm von A nach oben gehen oder A verliert sein Gleichgewicht und stolpert nach hinten. (Abb. 14) Dies geschieht, weil das Zentrum der Wahrnehmung von A sich ganz natürlich in seinem Unterbauch befindet. Als Nächstes konzentriert sich A auf die Fingerspitzen des ausgestreckten Armes. Jetzt kann B den Arm von A nicht mehr so leicht hochheben. (Abb. 15)

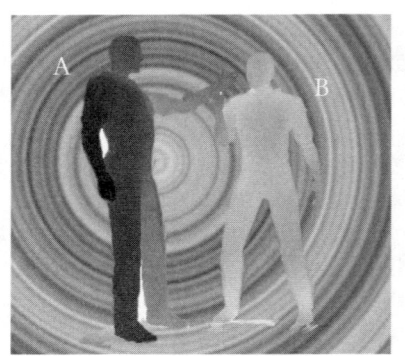 

Abb. 14   Abb. 15

Bei diesem Beispiel hat der Unterschied in der Wahrnehmung von A auch eine Veränderung in seinem Körper bewirkt. Aber es handelt sich dabei nicht nur um eine Veränderung in der Muskulatur, sondern die gesamte Funktionsweise des Körpers von A verändert sich entsprechend zum Zentrum seiner Wahrnehmung. So führt das richtige Zentrum zu Harmonie und Schönheit in der Wahrnehmung.

Es ist wichtig zu wissen, dass das Zentrum der Wahrnehmung die Schnittstelle zwischen einem selbst und der Welt darstellt. Das bedeutet, dass die Qualität des Lebens von der Beziehung abhängt, die man zur Welt hat. Das Leben ist ein Spiegelbild der Welt, und leben bedeutet, mit dem Lauf der Welt zu leben.

4. Wahrnehmung und das Erkennen von Wahrnehmung

Wenn man versucht die absolute Wahrnehmung zu erreichen, so erkennt man nur die eigene Wahrnehmung wieder. Man nennt dies normalerweise »Bewusstheit«, weil man sich seiner eigenen Wahrnehmung bewusst ist. Viele Meditationslehrer behaupten, dass Bewusstheit eines der Schlüsselkonzepte der Meditation sei. Es ist jedoch eigentlich unmöglich, die absolute Wahrnehmung zu erkennen, weil man etwas Unendliches nicht erkennen kann. Das bedeutet, dass Bewusstheit nicht die Grundlage der Meditation ist. Man kann sich nur einer begrenzten Anzahl Dinge bewusst sein. Es ist unmöglich, sich der absoluten Wahrnehmung bewusst zu sein. Aus diesem Grund ist Meditation, die auf Bewusstheit gegründet ist, falsch, weil sie nicht den richtigen Weg zu leben zeigt.

Wie kann man aber wissen, dass die absolute Wahrnehmung existiert, wenn man sie nicht wirklich erkennen kann? Zuerst muss man einen Mittelpunkt festlegen. Die einfachste Methode ist, dazu einen Punkt im Unterbauch auszuwählen. Man schließt die Augen und erkennt einen Raum um dieses Zentrum herum und versucht einen immer größeren Raum wahrzunehmen, bis dies nicht mehr geht. Dann versteht man, was unendlicher Raum ist. Wenn es Wahrnehmung ohne Erkennen gibt, gibt es nur den unendlichen Raum. Im täglichen Leben darf man die Wahrnehmung nicht mithilfe der Bewusstheit, sondern sollte sie mithilfe eines Zentrums im unendlichen Raum kontrollieren. Dieses Zentrum kann überall sein, weil der Raum unendlich groß ist, aber da wir in unseren Körpern leben, müssen wir ihre richtige Funktionsweise berücksichtigen. Es ist deshalb besser, den unendlichen Raum mithilfe des Zentrums im Unterbauch wahrzunehmen. Man sollte im täglichen Leben nicht die Bewusstheit aufrechterhalten. Man muss den Mittelpunkt erhalten, der die absolute Wahrnehmung aufrechterhält.

5. Nimmt man Tatsachen oder Bewegungen wahr?

Ich nehme nur Tatsachen wahr, niemals Bewegungen. Die Wahrnehmung einer Bewegung ist eine Illusion. Wenn ich sage, dass ich eine Bewegung wahrnehme (egal ob es sich um eine körperliche oder geistige Bewegung handelt), damit ich mit anderen kommunizieren kann, so nehme ich eigentlich viele Tatsachen wahr, die hintereinander eintreten, aber ich nehme keine Bewegung wahr. Das ist so, weil es in der Natur der Wahrnehmung liegt, sich nicht zu bewegen. Wenn sich die Wahrnehmung nicht bewegt, nimmt man Tatsachen wahr. Das ist die Natur der Wahrnehmung: Wahre Wahrnehmung bewegt sich nicht. Bewegung ist ein Bild, dass sich aus Wahrnehmung und Erinnerung zusammensetzt. Wenn man wirklich wahrnimmt, scheint sich die Welt deshalb nur sehr langsam oder gar nicht zu bewegen. Man nennt dies Ewigkeit. Man versteht nun, was Ewigkeit bedeutet.

4

MEDITATION

1. Meditation

Man muss wissen, dass, allgemein gesagt, die Meditation vor vielen Tausend Jahren in Indien ihre Anfänge hatte. Was wir als Meditation kennen, entstammt dieser Tradition. Was aber ist die Essenz der indischen Meditation? Ihr Ziel ist die Erleuchtung. Aus diesem Grund sprechen Zen-Meister und alle modernen indischen Meditationslehrer von der Erleuchtung. Es gibt Lehrer, die nicht davon sprechen, aber wenn man ihre Bücher liest, wird einem schnell klar, dass sie versuchen Leute zu erleuchten. Sie verwenden nur das Wort »Erleuchtung« nicht, weil sie wissen, dass dieser Begriff den Leuten auf dem Weg zur Erleuchtung im Weg stehen kann.

Es ist eine Tatsache, dass nur sehr wenige Personen wirklich Erleuchtung erfahren haben, und das, obwohl über Jahrtausende hinweg sehr viele Leute in Indien, China, Japan etc. dieses Ziel hartnäckig verfolgten. Es ist in Ordnung zu versuchen Leute zu erleuchten, aber nur einer von Zehntausend erreicht vielleicht dieses Ziel. Und was geschieht mit der großen Mehrheit, die dieses Ziel nicht erreicht? Sie werden natürlich enttäuscht sein, vielleicht ganz mit den Meditieren aufhören oder verzerrt darstellen, was sie gelehrt bekamen, um so ihr Versagen zu rechtfertigen. In ihren Köpfen können eine Menge fehlerhafte Gedanken entstehen, weil viele Meditationslehrer gerne übertreiben, um andere zur Erleuchtung zu führen. Angesichts dieser Tatsache haben viele Meditationslehrer es aufgegeben andere Menschen erleuchten zu wollen, und lehren stattdessen, einem Erleuchteten zu folgen. So sollen etwa die Buddhisten den Lehren Buddhas, eines Erleuchteten, folgen. Dies ist dem Christentum ähnlich, das die Leute lehrt, den Lehren von Jesus, dem Sohn Gottes, zu folgen. Heutzutage gibt es viele Gurus, die ihre Anhänger dazu ermutigen, lieber ihren Lehren zu folgen als die Erleuchtung zu suchen.

Eine dritte Art der Meditation ist die Anwendung von Meditationstechniken, um sich besserer geistiger und körperlicher Gesundheit zu erfreuen. Viele Leute meditieren, um ruhiger zu werden oder um sich zu entspannen. Diese Art der Meditation ähnelt der Psychotherapie. Aber in diesem Fall wäre Psychotherapie sogar besser als Meditation, weil die Meditation sich seit tausend Jahren nicht weiterentwickelt hat, wohingegen sich die Psychotherapie in den letzten Jahren stark verändert hat. Die Techniken der Psychotherapie sind also hier besser geeignet als die Meditation, um das Leben zu verbessern.

Und die Meditation? Ich schlage vor, »das Leben nach der Erleuchtung ohne Erleuchtung« zu üben. Diesem Vorschlag stehen die meisten Leute perplex gegenüber und fragen sich, wie man das Leben nach der Erleuchtung ohne Erleuchtung üben kann. Die Vorstellung, das Leben nach der Erleuchtung zu üben, existiert in den Lehren des Zen, aber dabei ist das Üben des Lebens nach der Erleuchtung ... nach dem Erreichen der Erleuchtung gemeint, was ja logisch ist. Aber es erscheint wenig praktikabel, denn nur einer von zehntausend wird wirklich erleuchtet.

Bis vor etwa 100 Jahren gab es kaum Kontakt zwischen den verschiedenen Gesellschaften dieser Welt. Jedes Land hatte seine eigene Kultur und Tradition, und die Leute blieben meist am Ort ihrer Geburt, was es ihnen nötig machte, der Kultur und Tradition dieser Gesellschaft zu folgen. Leben nach der Erleuchtung bedeutet aber, anders zu leben als die anderen, und war früher gesellschaftlich nicht akzeptiert. In einer katholischen Gesellschaft durfte man kein Moslem oder Protestant

sein, in einer kapitalistischen Gesellschaft war es gefährlich, ein Kommunist zu sein. Wenn man sein Leben
anders führte als die anderen, lief man früher sogar
Gefahr, sein Leben zu verlieren. Um anders leben zu können, war viel Intelligenz und Kraft nötig, und nur erleuchteten Personen gelang dies. Deswegen hat auch niemand
an das Leben nach der Erleuchtung ohne Erleuchtung
gedacht. Man kann es damit vergleichen, unverheiratet
zusammen zu leben. Vor 100 Jahren war das völlig unvor-
stellbar.

Aber die Situation hat sich geändert. In vielen Ländern kann man ein eheartiges Leben führen, ohne verhei-
ratet zu sein. Der Kapitalismus hat fast die ganze Welt
erobert und das Leben ist heute in sehr vielen verschiedenen Ländern sehr ähnlich. Im gleichen Maß, in dem die
Unterschiede zwischen den Kulturen und Traditionen
vieler Gesellschaften verschwinden, wird die Gesellschaft
dem Individuum gegenüber toleranter. In vielen Ländern
ist es heute möglich, anders zu leben als die anderen. In
den meisten Ländern werden Ausländer akzeptiert. Natürlich leben sie auf andere Art und Weise, aber die Leute
akzeptieren dies mehr oder weniger. So ist es heute auch
möglich, ein Leben nach der Erleuchtung ohne Erleuchtung zu führen.

Zunächst muss man verstehen, was Erleuchtung
eigentlich ist. Erleuchtung bedeutet, dass man erkennt,
dass die Handlungen nicht von den Gedanken kommen.
Wenn man das wirklich versteht, ist man frei von Gedanken, und man kann ein Leben ohne Probleme führen.
Probleme werden immer von Gedanken ausgelöst, und
wenn man keine Gedanken hat, hat man auch keine Probleme. Daher ist es auch das Beste, wenn man Leuten mit
Problemen rät, erst einmal drüber zu schlafen und über
das Problem am nächsten Tag nachzudenken. Viele Leute
flüchten vor Problemen in den Alkohol. Der Alkohol
unterdrückt die Gedanken, aber das ist auch nicht gut,

weil man in der Gesellschaft nur dann gut funktionieren kann, wenn man richtig denken kann. Wenn man seine Probleme gar nicht los wird, bleibt als letzter Ausweg nur der Selbstmord: wenn man tot ist, ist man auch frei von Gedanken.

Sobald die Erleuchtung erreicht ist, ist die Meditation des indischen Typs beendet. Ihr Ziel ist nur die Erleuchtung, und wiederum andere Leute zu erleuchten. Wenn man frei von Gedanken ist, ist man erleuchtet. Was aber bestimmt dann nach der Erleuchtung das Handeln? Was bedeutet Erleuchtung für die Welt? Diese Fragen betreffen das Leben nach der Erleuchtung. Es ist die Wahrnehmung, die das Handeln bestimmt. Die Wahrnehmung wird vom Universum bestimmt, und das Leben wird eins mit dem Universum. Wie man das Universum wahrnimmt, hängt aber von den Konzepten ab, die man in Kopf hat. Das bedeutet, dass das Leben auch von diesen Konzepten abhängt. Wo kommen diese Konzepte her? Wenn man etwas Neues wahrnimmt, bildet das Gehirn automatisch Konzepte. Aus einer neuen Wahrnehmung entsteht ein neues Konzept, und ein neues Konzept führt zu neuer Wahrnehmung. Das Leben nach der Erleuchtung ist die fortlaufende Weiterentwicklung von Wahrnehmung und Konzept. Das Leben nach der Erleuchtung zu üben bedeutet also, mit neuen Konzepten zu leben.

2. Kultur und Meditation

Ich frage mich oft, warum man früher nie auf die Idee kam, das Leben nach der Erleuchtung zu üben. Man dachte immer nur an die Erleuchtung selbst und konnte sich keinen anderen Weg vorstellen. Dafür gibt es aber einen guten Grund: bis vor etwa 50 Jahren war das Leben im Vergleich zu unserem heutigen Leben sehr eingeschränkt. Die meisten Leute konnten sich ihre Arbeit nicht aussuchen, sie mussten die Arbeit annehmen, die ihnen von der Gesellschaft zugeordnet wurde. Um in der Gesellschaft leben zu können, musste man wie alle anderen in dieser Gesellschaft leben. Wenn man anders lebte, wurde man ausgestoßen, verbannt oder sogar umgebracht. Ein Leben nach der Erleuchtung ohne Erleuchtung zu führen, war völlig indiskutabel.

Heute ist die Situation in den Industrienationen völlig anders. Man kann relativ frei leben, und auch auf internationaler Ebene sind sich die Lebensstile inzwischen sehr ähnlich. Früher hatte jede Gesellschaft ihre eigene Art zu leben, und innerhalb dieser einen Gesellschaft war das Leben sehr gleichförmig. Auf der Erde gab es eine große Bandbreite verschiedener Lebensstile, die die Kultur der einzelnen Länder ausmachte. Heute, da die Gesellschaften ihre Besonderheiten verloren haben, wird es für den Einzelnen immer notwendiger, sein eigenes Leben zu führen. Die Menschen heutzutage sind dem Einfluss vieler anderer Kulturen ausgesetzt, und sie lernen verschiedene Lebensstile kennen und übernehmen Teile davon. Paradoxerweise führt genau dies aber zu einer zunehmenden Gleichförmigkeit der Gesellschaft und behindert die Entwicklung der eigenen Kultur. Sein eigenes Leben zu führen wird immer wichtiger, weil man so leicht in Versuchung geraten kann, andere unbewusst nachzuahmen. Wenn jeder auf die gleiche Art und Weise lebt, wird die menschliche Kultur in Vergessenheit geraten.

Die einzige Möglichkeit, wirklich sein eigenes Leben zu führen, ist ein Leben nach der Erleuchtung zu leben. Wenn man neue Konzepte kennen lernt, erkennt man seine eigenen Konzepte und kann mit der Art, in der sie zum Ausdruck kommen, leben. Dieser Lebensstil führt zu einer eigenen Kultur, die wiederum zur Kultur der Menschheit beiträgt.

3. Wozu Erleuchtung?

Da ich viele Leute treffe, die sich für Erleuchtung oder für Erleuchtete interessieren, möchte ich an dieser Stelle klären: Es ist nicht wichtig zu wissen, wie man zur Erleuchtung gelangt, oder erleuchtete Personen zu kennen. Aber man muss verstehen, warum man sich dafür interessiert. Wenn man sich für Erleuchtung oder Erleuchtete interessiert, so sollte man sich mit Soziologie oder Religion beschäftigen. Man sollte aber genau untersuchen, warum man sich dafür interessiert, und das ist Meditation.

Was die Menschen schon immer am meisten wollten, war Macht, und Macht über andere ist das Wichtigste. Es gibt zwei Möglichkeiten, Einfluss auf andere zu haben: entweder mit finanzieller oder politischer Macht, oder durch persönliche Eigenschaften wie Intelligenz, Schönheit oder Sexappeal. Auch Erleuchtete habe eine gewisse Anziehungskraft auf andere, und es gibt viele Menschen, die sich gerne von solchen Leuten anziehen lassen: man muss nur daran denken, wie viele Leute von Schauspielern oder Sängern fasziniert sind. Aber das gilt auch für die andere Richtung: in vielen Menschen ist der Wunsch, auf ihre Mitmenschen anziehend zu wirken, tief verankert. Oft ist es dieses Bedürfnis, das die Leute dazu bringt, sich für Erleuchtung oder Erleuchtete zu interessieren.

Als Erstes muss man also sicherstellen, dass man sich nicht für erleuchtete Personen interessiert. Man sollte sich für sich selbst oder sein eigenes Leben interessieren. Das ist der richtige Ausgangspunkt für Meditation.

4. Lügen für einen guten Zweck

In Japan gibt es die Vorstellung, dass es gut sein kann zu lügen, um die Menschen in positiver Weise zu führen. Wenn zum Beispiel jemand versucht, mit einer Gruppe zu Fuß die Wüste zu durchqueren, und nach einiger Zeit die Leute durstig werden und nicht mehr weiter laufen wollen, kann der Führer der Gruppe sagen, dass es nach weiteren fünf Stunden Fußmarsch eine Oase geben wird, und die Leute gehen weiter. Es war eine Lüge, aber sie diente einem guten Zweck.

Die Grundlage für diese Einstellung ist die Überzeugung wissen zu können, was für andere Menschen gut ist. Wiederum gibt es zwei Gründe dafür, warum man glauben mag zu wissen, was gut für sie ist: der eine ist Religion und der andere ist Philosophie oder Meditation. Wenn man an Religion, Philosophie oder Meditation glaubt, versucht man einfach andere auch in diese gute Richtung zu führen. Im Buddhismus, in dem es das Konzept der Erleuchtung gibt, versuchten erleuchtete Personen andere Leute zu erleuchten. Dieses Prinzip entstand vor ungefähr 3.000 Jahren vermutlich in Indien und breitete sich auf andere Teile Asiens aus, einschließlich China, Korea und Japan. Die, die das Ziel haben ihre Mitmenschen zu erleuchten, sind einfach überzeugt davon, dass sie lügen dürfen, um ihr Ziel zu erreichen.

Wenn es wirklich möglich ist seine Mitmenschen mithilfe von Lügen zu erleuchten, so mag dies gerechtfertigt sein. Aber die Geschichte lehrt uns, dass es, ob mit oder ohne Lügen, keine spezielle Methode gibt Menschen zu erleuchten. Auch wenn es gelegentlich zu einer Erleuchtung kommt, weiß doch niemand, wie und warum. Angesichts dieser Situation glaube ich nicht, dass es gut ist, zu einem guten Zweck zu lügen. In manchen besonderen Situationen mag eine Lüge akzeptabel sein, aber im Allgemeinen ist es besser, nicht zu lügen, um keine Verwirrung in der Welt entstehen zu lassen.

5

REALITÄT

1. Was ist Realität?

Man muss wissen, was Realität ist, weil die meisten Menschen glauben, dass es keine Realität gibt. Ebenso gibt es die Vorstellung, dass es keine Wahrheit gibt, sondern nur persönliche Meinungen. Diese Angewohnheit stammt aus der Tradition der Wissenschaft, die uns gelehrt hat objektiv zu sein, sodass jeder zustimmen kann. Wenn man glaubt, dass die Realität das ist, was man sehen oder denken kann, so bleibt logischerweise nichts Sicheres oder Absolutes, und man kann die Realität nicht mehr zur Grundlage des Lebens machen und folgt im Leben nur noch seinen Einstellungen oder Gefühlen. Es ist aber unabdingbar zu verstehen, was Realität ist und wie man die Realität zur Grundlage des Lebens machen kann, weil jeder, ob er es nun zugibt oder nicht, mit und in dieser Realität lebt.

Realität heißt, dass es keinen Widerspruch gibt zwischen den verschiedenen Dingen, die man wahrnimmt, und man dementsprechend leben kann. Wenn man zum Beispiel etwas sieht und seine wahre Existenz anzweifelt, berührt man es. Wenn man es dann fühlen kann, hält man den Gegenstand für real, weil es keinen Widerspruch gibt zwischen dem, was die Augen, und dem, was die Hände wahrnehmen. Wenn man es aber nicht spüren kann, kann es sich um eine optische Täuschung halten, weil es einen Widerspruch zwischen optischer und taktiler Wahrnehmung gibt.

Wichtig ist, dass die Realität keine widersprüchlichen Wahrnehmungen erzeugt. Was man wahrnimmt, hängt von der eigenen Person ab und ist daher relativ, aber die

Tatsache, dass es keine widersprüchlichen Wahrnehmungen gibt, ist absolut, und man kann sein Leben auf dieser Absolutheit aufbauen. Das ist Realität. Was man nicht wahrnimmt, beeinflusst das Leben nicht. Man muss sich seiner Wahrnehmung sicher sein. Was man im Fernsehen sieht oder in der Zeitung liest, ist genauso Teil der Wahrnehmung wie die eigenen Gedanken und Gefühle, aber was eine Person nicht wahrnimmt, existiert für sie nicht.

2. Was ist Wahrheit?

Viele Leute sprechen von der Wahrheit, aber niemand definiert den Begriff Wahrheit. Man hat die vage Vorstellung, dass Wahrheit etwas ist, dem alle zustimmen. Aber dann gibt es offensichtlich keine Wahrheit. Es ist notwendig, Wahrheit zu definieren, denn sonst ist es nur sentimentales Geschwätz, von Wahrheit zu reden.

Die Definition von Wahrheit ist: »Wahrheit ist eine Tatsache, die beweist, dass jemand Unrecht hat.« Eine Tatsache ist ein Teil der Realität, aber wer ist dieser »jemand«? Wenn es jemand anderes ist, so handelt es sich um eine gesellschaftliche Wahrheit; so zum Beispiel vor Gericht, wenn die Verteidigung eine Wahrheit sucht, die beweist, dass die Staatsanwaltschaft Unrecht hat und der Angeklagte unschuldig ist. Auch Journalisten suchen nach einer Wahrheit, die beweist, dass ihre Kollegen Unrecht haben. Es ist allgemein bekannt, dass Geschäftsleute und Politiker lügen, und es ist nicht sehr sinnvoll, dies durch einen Journalisten beweisen zu lassen. Die Feststellung, dass andere Leute Unrecht haben, hat keinen Einfluss auf das eigene Leben.

Viel wichtiger ist die Feststellung »Ich habe Unrecht«. Dann kann man sein Leben verändern, und es ist auch der einzige Weg sein Leben grundlegend zu verändern. Normalerweise wollen die Leute nur einen Aspekt ihres Lebens ändern. Sie versuchen dann einen Teil ihres Lebens unverändert zu erhalten und einen anderen Teil zu verändern, aber das führt ganz offensichtlich zu Konflikten. Wenn man willentlich versucht sein Leben zu verändern, entsteht zwangsläufig ein Konflikt im Leben. Die einzig richtige Veränderung des Lebens muss auf ganz natürliche Weise und ohne Widersprüche geschehen. Nur die Wahrheit kann dies bewirken. Aus diesem Grund nennt man eine Wahrheit, die zeigt, dass man selbst Unrecht hatte, eine Lebenswahrheit. Wenn man dies versteht, wird man stets versuchen sich selbst so wahrzunehmen, dass man neue Wahrheiten, neue Einsichten des Typs »Ich hatte Unrecht« entdeckt und kann so ein auf Wahrheit gegründetes Leben führen.

3. Was ist Bescheidenheit?

Jeder weiß, dass es gut ist bescheiden zu sein. Aber was ist Bescheidenheit? Wenn man es nicht weiß, neigt man dazu, mit seiner Bescheidenheit anzugeben. In Japan sagt man, dass es zwei Arten des Angebens gibt: die eine ist, damit anzugeben, wie toll man ist, die andere, damit anzugeben, dass man ein Nichts ist. Manchmal ist man überrascht zu sehen, dass eine sehr bescheiden wirkende Person tatsächlich sehr stolz ist. All diese Widersprüche entstehen, weil viele Leute nicht wissen, was Bescheidenheit ist.

Um Bescheidenheit zu verstehen, muss man zunächst verstehen, was Wahrheit ist. Aber die meisten Leute wissen nicht, was Wahrheit ist und haben ihr gegenüber eine negative Einstellung. Wahrheit ist eine Tatsache, die beweist, dass jemand Unrecht hat. Eine Tatsache ist ein Teil der Realität. Die Realität lässt keinen Widerspruch in den Wahrnehmungen zu.

Wenn man versteht, was Wahrheit ist, ist man wirklich bescheiden, weil man immer nach Wahrheiten suchen wird, die einem zeigen, dass man Unrecht hat.

4. Was ist Respekt?

Die meisten Menschen verwechseln Bewunderung und Respekt, und aus diesem Grund ist es schwierig, sich immer respektvoll zu verhalten. Man kann Leute bewundern, die schön, stark, sehr intelligent oder groß etc. sind. Wenn man dann Bewunderung und Respekt miteinander verwechselt, so hat man für diejenigen, die auf den ersten Blick keine der genannten Eigenschaften haben, keinen Respekt. Respekt bedeutet, eine allumfassende Geisteshaltung zu haben. Wenn man nur das beobachtet, was außerhalb des eigenen Körpers geschieht, verhält man sich nie respektvoll, sondern nur diplomatisch. Die Realität des allumfassenden Universums befindet sich innerhalb und außerhalb des eigenen Körpers. Man muss also immer auch das beobachten, was innerhalb des eigenen Körpers geschieht. Um sich respektvoll zu verhalten, muss man beim Kontakt mit anderen Dingen oder Personen auch sich selbst sehen. Wenn man das tut, merkt man zunächst, ob man sich heuchlerisch verhält oder von Vorurteilen geleitet wird, und dann stellt man fest, dass es unmöglich ist andere Menschen zu verstehen. Es gibt immer Dinge, die man nicht versteht, und mit dieser Erkenntnis verändert sich die eigene Einstellung, und Respekt entsteht.

Wenn man zum Beispiel eine Blume sieht und denkt: »Oh, eine Blume«, dann hat man keinen Respekt für diese Blume. Wenn man aber zugleich sich selbst beobachtet, erkennt man, dass die eigenen Gedanken ohne Wert sind und beginnt damit die Blume mit anderen Augen zu sehen. Man entdeckt dann viele Dinge, die man nicht versteht, und der Respekt für die Blume entsteht.

5. Was ist Glück?

Wissen Sie, was Glück ist? Vielleicht glauben Sie, dass Glück ein Gefühl ist. Viele Leute sprechen von Glücksgefühlen. Aber man wird nie in der Lage sein immer glücklich zu sein, solange man glaubt, dass Glück ein Gefühl ist. Man muss verstehen, dass Glück eben kein Gefühl ist. Die meisten Menschen sind unglücklich und wollen ihr Unglück vergessen. Genauso wie viele sich betrinken, um ihr Elend zu vergessen, neigt man dazu angenehme Gefühle zu suchen, um das Unglück zu vergessen. Solange dieses besondere, gute Gefühl anhält, kann man sein Unglück dann auch verdrängen, und man hält dieses Gefühl fälschlicherweise für Glück. Sobald aber das Gefühl zu einem Ende kommt, wird man wieder mit seinem Unglück konfrontiert und man muss wieder ein Glücksgefühl suchen, um das Unglück zu vergessen. Der Vorgang gleicht dem Ablauf der Alkoholabhängigkeit: Solange man betrunken ist, vergisst man sein Unglück, wenn man aber nüchtern ist, kommt das Unglück zurück und man beginnt wieder zu trinken.

Wahres Glück ist immer für die Ewigkeit. Wenn es nicht ewig ist, ist es nicht real. Deshalb ist Glück auch kein Gefühl. Gefühle sind von ihrer Natur aus dem Wechsel unterworfen und nie für die Ewigkeit; wahres Glück dagegen ist ewig und somit kein Gefühl. Das Einzige, was man mit dem Glück tun kann, ist, es nicht zu stören. Das Glück nicht zu stören nennt man Ruhe. Wenn man einen wertvollen Edelstein besitzt, versucht man ihn nicht zu zerstören und behandelt ihn deshalb vorsichtig und ruhig. Ebenso vorsichtig sollte man sich selbst behandeln, um Ruhe entstehen zu lassen: Ruhe im Leben.

Die Suche nach dem Glück beginnt damit, sich seinem Unglück zu stellen. Das ist schwierig, weil die meisten Menschen die Angewohnheit haben ihr Unglück zu verdrängen, indem sie etwas anderes tun oder fühlen.

Dieser typische Fehler der industrialisierten Welt zeigt sich auch in dem beliebten Ausspruch »Don't worry, be happy« (Mach dir keine Sorgen, sei fröhlich). Stattdessen muss man sich ruhig hinsetzen und in sich gehen. Dann entdeckt man unter Umständen viel Unglück in sich, aber statt ihm auszuweichen, muss man sich ihm stellen. Wenn man sich dem Unglück stellt, leidet der Körper, und man kann in dieser Zeit nichts anderes tun. Vielleicht sollte man es zuerst im Bett versuchen, aber später auch während man wach ist und noch später, während man etwas tut. Es wird zur Meditation im täglichen Leben. Der Körper wird dabei immer stärker, und man kann sich seinem Unglück leicht stellen. Wenn man sich mit seinem Unglück konfrontiert, verschwindet es, und man erkennt den wahren Zustand des Menschen: den Zustand des Glücks.

6. Was ist Liebe?

Reine Wahrnehmung bedeutet, dass es nur Wahrnehmung gibt und kein Erkennen einzelner Dinge. Manchmal geschieht dies einfach so, aber man kann es auch üben. Dazu muss man seine Wahrnehmung wahrnehmen. Wenn man dies tut, empfindet man körperlich eine Intensität, die der Liebe sehr ähnlich ist.

Normalerweise braucht die Liebe einen Gegenstand oder eine Person als Zielobjekt. Aber dann ist die Liebe relativ und nicht mehr absolut. Was aber ist absolute Liebe? Liebe ohne ein besonders Ziel ist absolute Liebe. Liebe bedeutet die Einheit von Wahrnehmung und Handeln. Wenn das Handeln vollständig auf der Wahrnehmung beruht, gibt es kein Erkennen von Einzelhandlungen, sondern nur noch Wahrnehmung, und Wahrnehmung und Handeln werden zu einer Einheit.

Dieses Handeln ist Liebe. Es kann während des Geschlechtsaktes geschehen, aber man kann auch ohne Sex lieben. Wenn das eigene Handeln zur Wahrnehmung wird, dann ist es Liebe. Es ist wichtig zu erkennen, dass es möglich ist ein tägliches Leben in absoluter Liebe zu führen.

7. Was ist Harmonie?

Die meisten Menschen glauben, dass Harmonie etwas ist, was zwischen zwei Menschen oder Dingen besteht. Aber das ist ein falsches Konzept, weil es dann unmöglich ist die Harmonie während des gesamten Lebens aufrechtzuerhalten. Wenn jemand auf einen wütend ist, so ist Harmonie nicht möglich. Es ist nicht möglich von allen Menschen gemocht zu werden. Was auch immer man tut, es wird immer jemanden geben, der einen nicht mag. Deswegen ist es notwendig zu verstehen, was Harmonie wirklich ist.

Wenn die Wahrnehmung sich nicht bewegt, entsteht Harmonie. Wenn es keine Bewegung im Inneren gibt, ist dort Harmonie. Man hat den Eindruck, die Welt sei stehen geblieben, weil sich nichts bewegt. Viele Menschen glauben, dass Harmonie zwischen zwei Menschen besteht. Dieser Fehler kommt daher, dass man »Leben in Harmonie« und »aufeinander abgestimmt sein« miteinander verwechselt. Man kann tatsächlich zwei Dinge aufeinander abstimmen und dies als Harmonisierung bezeichnen. Aber dieses Aufeinanderabgestimmtsein ist nicht mit allen Dingen möglich, weil man sich nicht zugleich mit zwei entgegengesetzten Dingen abstimmen kann. Das Konzept der »Harmonisierung« ist falsch, wenn man wirklich in Harmonie leben will, denn wenn man von Harmonisieren spricht, meint man immer, zwei Dinge aufeinander abzustimmen.

Man muss zuerst verstehen, was Harmonie wirklich ist. Wahre Harmonie existiert nur innerhalb der eigenen Wahrnehmung. Deshalb ist der einzig mögliche Weg der, Harmonie zu erschaffen und sie unter allen Umständen im Alltag beizubehalten.

8. Was ist Fantasie?

Einer der Unterschiede zwischen dem Menschen und den Tieren ist der, dass der Mensch eine starke Vorstellungskraft hat. Die Fähigkeit sich Dinge vorzustellen ist eine der Quellen für die Kunst und die Wissenschaft, andererseits aber auch für Angst und Schmerz. Deswegen unterdrücken viele Menschen ihre Fantasie und halten Fantasie für etwas Kindisches. Aber man sollte seine Fantasie sehr ernst nehmen, weil man sie fast immer im täglichen Leben gebraucht.

Wenn man etwas kauft, so stellt man sich vor, wozu man dieses Ding gebrauchen kann und entscheidet dann, ob das Preis-Leistungs-Verhältnis stimmt. Wenn man etwas entscheiden will, stellt man sich die Zukunft gemäß der Entscheidungsmöglichkeiten vor. Fantasie ist eine der Grundlagen des Lebens.

Wenn man seine Fantasie verwendet, um etwas zu entscheiden, kann sie sehr gefährlich werden und Probleme bewirken. Wenn man nur auf Grund seiner Fantasie handelt und dabei die Welt um einen herum nicht wahrnimmt, kann dies gefährlich sein. Sie kann Probleme bewirken, wenn man Widersprüche zwischen der Fantasie und den eigenen Wünschen entdeckt.

Man muss deshalb anerkennen, dass es möglich ist, ohne Entscheidungen zu leben. Dann kann die Fantasie sehr nützlich für das Leben sein, weil sie mehr Möglichkeiten der Wahrnehmung eröffnet. Sie hilft, ein kreatives Leben zu führen.

9. Was ist Freiheit?

Die meisten Menschen glauben, dass Freiheit bedeutet, tun zu können, was man will, ohne der Kontrolle oder dem Einfluss anderer zu unterliegen. Dieses Konzept ist jedoch falsch, weil es Freiheit dann nicht gäbe. Jeder weiß, dass es unmöglich ist, immer zu tun, was man will. Wenn jeder nur das täte, was er will, würde man sich irgendwann gegenseitig umbringen. Wahre Freiheit heißt, frei von eigenen Gedanken, Gefühlen und Wünschen zu sein. Das ist möglich, und wenn jeder auf diese Art frei ist, wird die Welt ein Paradies.

Der Weg zur Freiheit beginnt damit, seine Gefühle nicht durch Worte zu beeinflussen. Man muss zunächst lernen, das Innere des Körpers ohne Worte einfach wahrzunehmen. Das heißt, dass man den Begriff »Gefühl« über Bord werfen muss, weil Gefühle nur der verbale Ausdruck der Körperwahrnehmung sind. Solange man in Gefühlen denkt, benutzt man Worte, und diese beeinflussen den Körper. Man muss auch den Begriff der positiven und negativen Worte über Bord werfen.

Nun heißt es Geduld zeigen und die Körperwahrnehmung aufrechterhalten. Dazu muss man die Technik der absoluten Wahrnehmung beherrschen, was bedeutet, dass man die Wahrnehmung des Körperinneren beibehalten kann, während man außerhalb des Körpers etwas wahrnimmt oder körperlich etwas tut, und das kann man nur im Alltag üben. Man stellt dann fest, dass die Wahrnehmung den Körper gut in Schuss hält, und kann die Worte über Bord werfen.

Man sollte jedoch nicht vergessen, dass dieser Prozess dauern kann – ein paar Stunden, Tage oder gar Jahre. Es ist aber unwichtig, wie lange es dauern wird, denn es ist der einzig wahre Weg zur Freiheit. Wenn man frei von Worten ist, werden die Gedanken frei. Das ist Gedankenfreiheit. Die Gedanken dürfen den Körper nicht beeinflussen. Normalerweise führen positive Gedanken zu Wohlbefinden und negative Gedanken zu Unwohlsein, und man neigt dazu, diesen Einfluss der Gedanken auf den Körper so zu benutzen, dass man sich körperlich wohl fühlt. Das bedeutet aber, dass die Gedanken nicht frei sind. Folglich sind Gedanken auch nicht geeignet, um die Welt zu verstehen. Man trifft immer Entscheidungen, die aus einem falschen Verständnis der Welt resultieren. Die eigenen Entscheidungen und Handlungen stören nicht nur das eigene Leben, sondern lassen auch in der Welt Verwirrung entstehen.

Wenn man es aber schafft, körperliches Wohlbefinden zu erhalten, ohne dazu Gedanken zu benutzen, können die Gedanken frei und richtig arbeiten. Natürlich braucht man dazu etwas Übung, aber es ist wie beim Autofahren. Mit etwas Übung kann man Auto fahren und gleichzeitig an etwas anderes denken. Genau so kann man seine Gedanken frei erhalten und sich körperlich wohl fühlen, ohne dazu die Gedanken zu verwenden: der Anfang von Intelligenz.

Die nächste Frage, die sich stellt, ist: Wie kann man sich die ganze Zeit wohl fühlen, ohne dazu Gedanken zu verwenden? Dazu ist es nötig, die Wahrnehmung zu verstehen, denn es ist die absolute Wahrnehmung, die dazu führt, dass man sich stets wohl fühlt.

10. Was ist ein Problem?

Wenn man Leuten diese Frage stellt, stellt man fest, dass sie keine Antwort geben können. Es gibt viele Begriffe dieser Art, die man kennt und verwendet, deren genaue Bedeutung aber nicht bekannt ist. Ein Problem ist »ein Gedanke, der dem Körper Schmerz zufügt«. Der Körper fühlt den Schmerz, und dieser wird von den Gedanken ausgelöst.

Die meisten Menschen haben zwei Strategien, mit Problemen umzugehen. Die erste Möglichkeit ist, die Gedanken zu verändern. Die geradlinigste Lösung ist es, so lang seine Gedanken zu verändern, bis sie keinen Schmerz mehr verursachen. Man nennt dies »problemlösendes Denken«. Wenn man seine Probleme nicht lösen kann, verursachen die Gedanken weiterhin Schmerz. Dann versucht man den unbequemen Gedanken zu vergessen und denkt an etwas anderes. Dies nennt man »positiv denken«. Gedanken, die dem Körper Schmerz zufügen, bezeichnet man als negativ, die, die dem Körper Wohlbefinden vermitteln, als positiv. Indem man nun die negativen Gedanken unterdrückt und positive Gedanken einbringt, versucht man den Schmerz loszuwerden. Aber das ist nur ein Flüchten oder Selbstbetrug. Außerdem ist man dabei auch immer ein wenig verspannt, weil man Gedanken nur mithilfe einer gewissen Anspannung unterdrücken kann. Man lässt diese Anspannung entstehen, damit die Mitmenschen das Problem nicht sehen, aber trotzdem empfindet der Körper die Störung und leidet.

Die zweite Möglichkeit, die die meisten Leute versuchen, ist die, Gedanken zu vergessen. Sie trinken oder rauchen, um sich abzulenken und ihre Gedanken zu vergessen, manche machen auch körperliche Übungen. Das ist nicht schlecht, weil der Körper sich dann besser fühlt. Mit körperlichen Übungen sind hier nicht nur Sport oder Gymnastik gemeint, sondern auch Tanzen, Musik, Unterhaltungen mit Freunden, Ferien etc. Leider aber hat man noch immer dasselbe Problem, wenn die Aktivität vorüber ist.

Die Meditation ist der Weg alles wahrzunehmen, bis der Körper sich gut fühlt. Dann haben die Gedanken keine Macht über den Körper. Sie können dem Körper keinen Schmerz zufügen, und sowohl positive als auch negative Gedanken verschwinden. Deswegen muss man üben, mithilfe des Körpers mit Problemen umzugehen, um ohne Probleme leben zu können. Ohne Probleme zu leben bedeutet nicht, keine Fragen zu haben, ganz im Gegenteil. Wenn man keine Probleme hat, lebt man mit sehr vielen Fragen. Die Probleme werden einfach in Fragen umgewandelt. Ein Problem sollte nie gelöst, sondern stattdessen in eine Frage umgewandelt werden.

Für Fragen können manchmal Lösungen gefunden werden, aber auch sie müssen nicht gelöst werden. Man kann und sollte auch mit Fragen leben. Fragen haben bedeutet, dass man die Dinge anders wahrnimmt, und somit verändert sich das Leben.

11. Was ist Verstehen?

Das englische Wort für verstehen, to understand, bedeutet sprachgeschichtlich »unter etwas stehen«. Warum ist es aber nötig, etwas oder jemandem zu unterstehen, um etwas zu verstehen? Dies ist so, weil Verstehen eine Art Lernen ist. Jemanden verstehen heißt, wahrzunehmen, was er wahrnimmt. Etwas verstehen heißt, etwas so wahrzunehmen, dass die Wahrnehmung dieses Gegenstands eine harmonische Einheit bildet. Verstehen heißt also, von jemandem oder von etwas lernen. Was ist dann der Unterschied zwischen den beiden Wörtern? Lernen hat normalerweise ein klares Ziel: man lernt eine Sprache, eine Sportart oder eine Verfahrensweise etc. Verstehen bedeutet dahingegen, dass man die Bedeutung der Worte anderer Menschen erkennt, also die Beziehung zwischen den Worten, die diese Person verwendet, und der Realität, auf die sie sich bezieht. Wenn man ein Tier versteht, so erkennt man die Wechselbeziehung zwischen dem, was es tut, und seiner Umgebung. Wenn man eine Gesellschaft versteht, so erkennt man die Zusammenhänge zwischen all dem, was in dieser Gesellschaft geschieht. Verstehen bedeutet immer, eine Beziehung zu erkennen.

12. Was ist ein starker Geist?

Ein starker Geist ermöglicht es, die absolute Wahrnehmung auch unter schwierigen Umständen aufrechtzuerhalten. Solange man die absolute Wahrnehmung erhalten kann, kann man den Körper stabil halten: ein stabiler Körper ist der Ausdruck eines starken Geistes. Den Geist trainieren heißt, immer die absolute Wahrnehmung zu behalten. Da man zum Wahrnehmen den ganzen Körper braucht, gibt dieser starke Geist dem Körper eine besondere Qualität und Fertigkeit. Den Geist trainieren heißt also gewissermaßen den Körper trainieren.

Man muss wissen, warum es vorkommen kann, dass man die absolute Wahrnehmung verliert. Am häufigsten geschieht dies, weil man einem Schmerz ausweichen will, aber es ist unmöglich, Schmerzen zu entkommen. Es ist am besten, sich dem Schmerz zu stellen, damit der Körper stark wird. Dann kann der Schmerz aufhören. Solange man dem Schmerz entkommen will, ist der Körper schwach, und der Schmerz wird bleiben, ein starker Geist jedoch führt zu einem starken Körper.

13. Was ist Angst?

Ich weiß, dass viele Leute Probleme mit der Angst haben. Ich habe auch von Theorien gehört, die die Psychologen zum Thema Angst haben, und von Meditationslehrern, die über Angst sprechen. Ich verstehe nicht, warum man so viel daraus macht. Angst ist nur eine körperliche Reaktion. Wenn diese körperliche Reaktion zu Unbehagen im Leben führt, muss man sie kontrollieren. Ansonsten ist sie ohne Bedeutung. Ich will nicht so tun, als ob ich das Problem der Angst lösen könnte, ich nenne hier nur Tatsachen. Angst ist nur der Name, den man einem speziellen Typus körperlicher Reaktion gibt.

Wenn man die Angst beherrschen will, muss man wissen, wie man den Körper unbewegt halten kann, also seine Angst nicht ausdrückt. Ich spreche nicht davon, seine Angst zu verstecken oder sie zu unterdrücken, ich meine nur, dass man ihr nicht durch körperliche Bewegung Ausdruck verschaffen soll. Dann muss man sich der Angst stellen, und man lernt sie zu beherrschen.

Viele Leute versuchen eine bestimmte Methode oder Technik gegen ihre Angst anzuwenden, aber dann beschäftigt man sich nur mit der Erinnerung an die Angst. Ich glaube nicht, dass es sehr sinnvoll ist, sich mit der Erinnerung daran zu beschäftigen. Es ist besser, sich der Realität, und nicht Erinnerungen, zu stellen. Solange man etwas ausdrückt, stellt man sich ihm nicht wirklich, weil man mehr damit beschäftigt ist es auszudrücken, als sich ihm zu stellen. Wenn man sich etwas wirklich stellt, hat man keine Zeit es auszudrücken. Nichts auszudrücken ist etwas, was man lernen muss.

14. Was ist ein Name?

Fälschlicherweise meinen vielen Leute, dass es bei der Meditation darum geht, seine Gedanken loszuwerden. Dieser Fehler zeigt aber nur deutlich auf, wie sehr der Mensch unter seinen Gedanken leidet. Meditation bedeutet, frei von Gedanken zu sein, nicht aber, sie loszuwerden.

Gedanken bestehen hauptsächlich aus miteinander verknüpften Namen. Mit diesen Namen muss man also sehr vorsichtig sein. Namen stehen für Dinge in der Welt. Man muss genau wissen, wofür jeder einzelne Name steht. Dann wird man feststellen, dass man sich mehr mit den Namen beschäftigt als mit der Realität, die sie repräsentieren. Man nennt dies Identifikation mit Namen, und diese Identifikation führt zu Illusionen.

Aus diesem Grund war es eine Tradition in der Welt der Meditation, dass die Schüler ihre Namen ändern mussten. Wenn man seinen Namen ändert, versteht man, dass ein Name und die Realität, für die er steht, nicht dasselbe ist. Wenn man sich für die Realität interessiert, für die jeder einzelne Name steht, ist man frei von Gedanken.

6

MENSCH SEIN

1. Was sind Sekten?

In Gruppen, die Sekten genannt werden, sind in letzter Zeit einige Verbrechen verübt worden, und die Polizei beginnt sich für solche Gruppen zu interessieren. Was sind also Sekten?

Eine Gruppe von Leuten ist nicht notwendigerweise eine Sekte. Sie muss einer Lehre folgen, aber auch das reicht noch nicht, um aus der Gruppe eine Sekte zu machen. Erst wenn ein Lehrer sagt, dass seine Lehre alles ist, was man braucht, und man nicht anderes braucht, wird die Gruppe zu einer Sekte. Aus diesem Grund ist das Konzept von Sekten falsch.

Jede Person braucht viele verschiedene Dinge und Lehren. Ein Lehrer allein kann einer Person nie alles geben, was sie braucht. Man braucht verschiedene Lehrer. Es kann für jeden Einzelaspekt des Lebens eine Theorie geben, aber es gibt keine Theorie, die das gesamte Leben umfasst. Wer nach einer Theorie oder einem Lehrer für das gesamte Leben sucht, sucht nach einer Sekte.

2. Was ist Bildung?

Diese Frage muss sich fast jeder irgendwann stellen, weil es früher oder später wegen der Kinder notwendig wird. Bildung heißt einfach, zu lehren, wie man Konzepte ausdrückt. Selbst der ungebildetste Mensch hat viele Konzepte, weil man ohne Konzepte nicht handeln kann. Aber ein ungebildeter Mensch kann seine Konzepte nicht für andere verständlich ausdrücken oder mit ihnen darüber kommunizieren, und folglich kann er auch die Konzepte anderer Leute nicht verstehen. Er kann also andere Menschen und seine Umwelt nicht verstehen und lebt in seiner eigenen, kleinen Welt. Diese Sorte Mensch wird unter bestimmten Umständen immer wieder Kämpfe oder Kriege anzetteln.

Erziehung und Bildung sind also notwendig, um eine gut funktionierende Gesellschaft zu erschaffen. Konzepte drückt man am einfachsten durch Sprechen oder Schreiben aus, und deshalb sind diese beiden Fertigkeiten auch die Grundlage der Bildung in jeder Gesellschaft. Man kann Konzepte auch mit Musik oder Tanz etc. ausdrücken, was man Kunst nennt. Wenn man Konzepte mit Formeln und Bildern ausdrückt, nennt man es Wissenschaft.

3. Die Funktion der Sprache

Worte erfüllen zwei Aufgaben. Zum einen beschreiben sie die Welt, zum anderen dienen sie der Manipulation der Gedanken und Gefühle anderer Menschen. Mit Welt ist hier sowohl das gemeint, was außerhalb, als auch das, was innerhalb des Körpers vor sich geht. Indem man die Welt mit Worten beschreibt, kann man mit seinen Mitmenschen kommunizieren. Dies sollte eigentlich die Hauptaufgabe der Sprache sein, aber im täglichen Leben dient sie nur all zu oft der Manipulation der Gefühle und Gedanken anderer. Natürlich ist dies in gewissem Sinn notwendig, um das richtige Funktionieren der Gesellschaft zu gewährleisten, aber es besteht die Gefahr, dass man die Bedeutung der Worte verändert und verformt und so zur Verwirrung in der Welt beiträgt. Diese Verwirrung zeigt sich in der Tatsache, dass die meisten Menschen nicht wissen, was sie eigentlich sagen. Stattdessen verwenden sie die Sprache, um etwas zu erhalten, ein besonderes Gefühl hervorzurufen oder eine Beziehung zu manipulieren.

4. Die Grenzen der Sprache

Es ist wichtig zu wissen, dass jede Sprache die Philosophie und Kultur ihres Landes widerspiegelt, und deshalb gibt es immer Dinge, die man in bestimmten Sprachen nicht ausdrücken kann. Zum Beispiel kann man in den Sprachen Europas die Frage »Wie soll ich leben?« stellen, aber die Frage »Was soll ich leben?« ist unmöglich. Wenn man versucht sich auf Englisch korrekt auszudrücken, muss man »Wie soll ich leben?« sagen, und denkt unvermeidlich: »Wie soll ich etwas tun?«. Dadurch aber verliert man die wirkliche Frage, nämlich: »Was soll ich in meinem Leben tun?« aus den Augen. Die Sprache setzt also hier der Fähigkeit des Menschen, Konzepte zu bilden, gewisse Grenzen.

Im Japanischen gibt es keine Wörter, die dem englischen »to conceive« (ein Konzept bilden / ein Kind empfangen) und »to perceive« (wahrnehmen) entsprechen. Es gibt künstlich geschaffene Wörter, damit man Bücher aus dem europäischen Sprachraum übersetzen kann, aber die Japaner verwenden diese Wörter normalerweise nicht im Alltag. Im Leben von Japanern spielen diese beiden Dinge folglich keine große Rolle. Man kann das Buch, das Sie gerade lesen, nicht ins Japanische übersetzen. Stattdessen müsste ich alles neu auf Japanisch schreiben, und das würde Jahre dauern.

5. Wie das Gehirn funktioniert

Das System, das jeder Mensch hat, nimmt die Welt wahr und entscheidet, welches Konzept anzuwenden ist, um die erhaltene Information zu erkennen und zu verarbeiten. Die Information, zusammen mit dem Konzept, entscheidet die Handlung innerhalb des gesamten Systems. Da man nicht wissen kann, wie das System funktioniert, kann man nur auf eine Art herausfinden, ob es gut funktioniert oder nicht, und das ist durch Meditation. Während der Meditation kommt keine Information von Außen, alle Informationen kommen nur aus den eigenen Handlungen oder Bewegungen des eigenen Systems. Das Gehirn arbeitet noch eine Zeit lang weiter, um ein perfektes System zu erstellen. Wenn dies erreicht ist, muss das Gehirn nicht weiter arbeiten, weil nichts mehr zu tun ist, bis von Außen eine neue Information kommt. Man hat das Gefühl, dass das Gehirn die Arbeit eingestellt hat, weil es weder Erkennen noch Handeln gibt. Dann ist das System perfekt.

Wenn man die Augen schließt und bewegungslos an einem ruhigen Ort verharrt, gibt es keine Information von Außen. Das Einzige, was dann geschieht, ist, dass das System sich bewegt, weil es Informationen verarbeitet. Beim Meditieren erschafft man sein System immer wieder neu. Wenn es kein Handeln und kein Erkennen gibt, ist das System perfekt, und es entsteht ein neues Konzept. Der wahre Wert des Lebens liegt darin, Konzepte zu erschaffen, und nicht im Handeln oder Wahrnehmen. Das ist Kultur, Kunst und Wissenschaft.

6. Die guten Seiten von jemandem sehen

Fast alle Menschen kennen diesen Ausspruch, aber die wenigsten tun es, weil man weiß, dass man in Gegenwart anderer Menschen sicherer ist, wenn man die schlechten oder gefährlichen Aspekte ansieht, und so vor Gefahren gewarnt wird. Wenn man nur die guten Seiten von jemandem sieht, tendiert man dazu, die schlechten und gefährlichen Seiten aus den Augen zu verlieren, und kann so in Gefahr geraten, und um der Sicherheit willen achtet man daher meist mehr auf die negativen Seiten seiner Mitmenschen. Stattdessen muss man immer alles in seiner Totalität wahrnehmen. Wenn man dann die guten Seiten von jemandem betrachtet, nimmt man alles wahr und ist sich daher auch der negativen Aspekte bewusst. Man begibt sich nicht in Gefahr, weil man alle Seiten einer Person erkennt.

Absolute Wahrnehmung heißt, dass die Wahrnehmung eins ist. Wenn man die guten Seiten von jemandem sieht, ist die Wahrnehmung anders, als wenn man die schlechten Seiten sieht, aber immer ist man sich aller guten und schlechten Aspekte bewusst. Die Handlung beruht dann auf den guten Aspekten, ohne die schlechten außer Acht zu lassen, und trägt so dazu bei, die Welt zu verbessern.

7. Das Leben ist nicht umkehrbar

Die Wissenschaft, die wir in der Schule lernen, ist zum größten Teil die Wissenschaft reversibler Phänomene. Reversible Phänomene bedeuten, dass man etwas durch Ausprobieren und durch das Machen von Fehlern lernen kann: Das Trial-and-Error-Verfahren. Wenn man zum Beispiel versucht seine Waschmaschine zu reparieren, versucht man zunächst etwas, und wenn es nicht klappt, versucht man das Nächste. Wenn die Maschine noch immer nicht wieder funktioniert, setzt man sie wieder so zusammen, wie sie war, bevor man etwas daran verändert hat, und ruft einen Fachmann. Das Reparieren einer Maschine ist also reversibel, das Leben jedoch nicht. Wenn man erst einmal etwas getan hat, kann man es nicht mehr ungeschehen machen. Deshalb ist es gefährlich, Prinzipien, die man in der Schule gelernt hat, auf das Leben anzuwenden. Viele Leute tun dies aber unbewusst, weil sie außerhalb der Schule nichts gelernt haben. Deshalb muss man lernen zu meditieren. Die Meditation ist das Studium des eigenen Lebens, und man muss dabei eine Theorie erlernen, die mit wissenschaftlichen Theorien nichts gemeinsam hat.

8. Freundschaft ist ein Feind des Friedens

Viele Menschen halten Freundschaft für etwas Gutes. Diese Vorstellung ist so weit verbreitet, dass sie in fast allen Ländern akzeptiert wird. Wenn man aber die Geschichte der Menschheit genauer betrachtet, sieht man, dass Freundschaft ein relativ neues europäisches Konzept ist. Wenn man alte europäische Texte liest, findet man das Wort nicht sehr oft, und wenn es verwendet wird, bedeutet es etwas anderes. Ein Freund ist das Gegenteil von einem Feind. Dieses Verständnis wird durch den Ausspruch »Der Freund meines Feindes ist mein Feind« klar. Wenn man also das Konzept Freundschaft akzeptiert, akzeptiert man damit auch das Konzept Feindschaft. Wie aber kann man den Weltfrieden verstehen, wenn man akzeptiert, dass man Feinde hat?

Manche Leute versuchen sich zu rechtfertigen, indem sie sagen: »Wir versuchen mit allen befreundet zu sein.« Wer aber sind alle? Dies ist eine schwierige Frage. Ist es überhaupt möglich, mit allen befreundet zu sein? Wenn man »alle« sagt, meint man tatsächlich »alle, die ich kenne«. Freunde gibt es also nur unter denjenigen, die man kennt. Da es unmöglich ist, die gesamte Menschheit zu kennen, kann man nicht mit allen Menschen befreundet sein, und man wird auch Feinde haben.

Man kann zu jedem Menschen freundlich sein, aber das bedeutet nicht, dass man mit diesen Menschen befreundet ist. Man kann auch ein gutes Verhältnis zur ganzen Welt haben, ohne dies als Freundschaft zu bezeichnen. Eine richtige Beziehung basiert auf gegenseitigem Respekt und nicht auf Freundschaft. Was aber ist Respekt? Respekt heißt, dass man versteht, dass man andere nicht verstehen kann. Wenn man sich bewusst ist, dass man andere nicht verstehen kann, beginnt man sie zu respektieren. Dann hat man auch die richtige Beziehung zur Welt. Wenn man dann mit irgendetwas oder jemandem in näheren Kontakt kommt, hat man ihm gegenüber eine positive Einstellung. Dies kann wie Freundschaft aussehen, ist es aber nicht.

9. Zweifel und Vertrauen

Ich habe Lehrer immer angezweifelt. Aber wenn ich etwas anzweifle, kritisiere ich es nicht, sondern arbeite hart daran, die Wahrheit zu entdecken. So wird Zweifel zu etwas Positivem. Zweifel haben bedeutet nicht, kein Vertrauen zu haben, sondern die Gedanken von jemandem anzuzweifeln, denn nur sie können richtig oder falsch sein. Man muss sowohl die eigenen Gedanken als auch die Gedanken anderer stets hinterfragen. Ein Mensch aber ist sehr viel mehr als seine Gedanken. Ich würde sagen, die Gedanken machen nur etwa fünf Prozent einer Person aus; das bedeutet, dass man 95 % einer Person Vertrauen schenken kann und 5 % in Frage stellen kann. Deswegen kann ich gleichzeitig in Frage stellen, was jemand sagt, und ihm vertrauen. Vertrauen bedeutet, sich bei jemandem sicher zu fühlen. Das ganze Ich ist bei dieser Person in Sicherheit. Dazu muss man zunächst Vertrauen in die Welt, in das Universum haben. Dieses Vertrauen kommt aus dem Urvertrauen, aus der Sicherheit, die Eltern einem Baby geben.

Vertrauen in den Menschen, in das Gute im Menschen, in Liebe, Frieden, Harmonie, Schönheit, Kommunikation etc. ist sehr wichtig. Dieses grundlegende Vertrauen wird im Kleinkindalter gebildet. Dazu sind gute Eltern erforderlich. Manchmal haben Kinder schlechte Eltern, und dies kann tragisch sein, weil sie dann kein Vertrauen in Menschen, die Liebe, Beziehungen etc. entwickeln. Dann sollten andere Leute oder Therapeuten helfen.

10. Mensch sein

Politiker sprechen oft vom Menschsein. Aber was bedeutet es überhaupt, Mensch zu sein? Begriffe wie Mensch sein, menschlich sein oder Menschlichkeit werden oft für sentimentale und emotionale Propaganda verwendet. »Mensch sein« bezeichnet die Natur des Menschlich-Seins, und es ist nicht leicht, dieses Menschsein zu verstehen.

Wissenschaftler, Soziologen und Psychologen versuchen den Menschen zu verstehen, indem sie andere Menschen beobachten. Das ist aber keine gute Sache, weil man nicht in andere Menschen hineinsehen kann. Stattdessen stellt man nur Vermutungen an, und man kann so etwas Ernstes und Wichtiges wie ein menschliches Wesen zu sein nicht verstehen, wenn man von Vermutungen ausgeht. Wenn man die Geschichte der Menschheit betrachtet, stellt man fest, dass es irgendwo auf der Erde immer Krieg gegeben hat, und man kann so zu dem

Schluss kommen, dass Kämpfen in der Natur des Menschen liegt.

Um das Menschsein zu verstehen, muss man sich selbst im Alltag beobachten. Es ist möglich, sein eigenes Inneres die ganze Zeit wahrzunehmen. Es ist der einzige Weg, das Menschsein zu untersuchen, und man beginnt dann auch seine eigene Natur zu verstehen. Wenn ich meine eigene Natur erkannt habe, kann ich auch die Natur anderer verstehen. Wenn ich tief in mich hineinblicke, erkenne ich, dass ich nicht kämpfen will, sondern nach Frieden und Harmonie strebe. Nur so kann man das Menschsein wirklich verstehen.

7

RICHTIG UND FALSCH

1. Was soll ich machen oder wie soll ich etwas machen?

Normalerweise neigt man dazu zu glauben, dass »Was soll ich machen« und »Wie soll ich etwas machen« zwei verschiedene Dinge sind. Aber worin unterscheiden sie sich im wirklichen Leben?

»Ich sitze im Auto und schnalle mich an. Ich stelle sicher, dass die Handbremse angezogen ist und kein Gang eingelegt ist. Dann drehe ich den Zündschlüssel, und wenn der Motor anspringt, lege ich den ersten Gang ein, löse die Handbremse und fahre vorsichtig los.«

Ist das eine Beschreibung von »Wie mache ich etwas (wie fahre ich Auto)« oder von »Was mache ich (was mache ich, wenn ich mit dem Auto losfahre)«? Das hängt von der Interpretation ab. Wenn man wissen will, wie man Auto fährt, stellt man sich vor, was die Auswirkungen der einzelnen Handlungen beim Autofahren sind und verknüpft diese mit seiner Vorstellung; wenn man jedoch wissen will, was jemand im Auto macht, betrachtet man einfach nur die einzelnen Handlungen und genießt es.

Wenn man jeden Augenblick des Lebens wahrnimmt, gibt es kein »Wie macht man etwas?« mehr, sondern nur noch das »Was macht man?«. »Wie soll ich etwas machen?« bedeutet, dass man jede Handlung in Bezug setzt zu dem in der Zukunft gewünschten Ergebnis. Dabei zerlegt man die Handlung in kleine Stücke und versucht sie mithilfe von Gedanken wieder zusammenzusetzen, was daher kommt, dass man glaubt, dass die Handlungen von den Gedanken geleitet werden müssen. In Wirklichkeit ist das Denken jedoch auch ein Teil der Handlung. Die Frage: »Wie soll ich etwas machen?« ist eine Illusion, die auf dem Missverständnis beruht, dass die Gedanken die Handlungen leiten.

2. Richtig und falsch

Oft stelle ich anderen Leuten die Frage: »Was ist richtig und was ist falsch?«, und die meisten antworten: »Es gibt nichts, was absolut richtig oder falsch ist. Es ist relativ. Es hängt von der Meinung der Leute ab.«

Diese Einstellung ist sehr gefährlich, weil man dann sein Leben nur nach seinen jeweils relativen Wünschen ausrichtet und seine Spiritualität verliert. Man lebt dann gemäß seiner Gedanken und Gefühle, und da diese sich oft verändern, wird das Leben immer wieder gestört. Man fängt dann an, seine Gedanken und Gefühle durch gewisse Prinzipien oder Regeln unter Kontrolle zu halten, aber da diese Prinzipien und Regeln sich von denen anderer Leute unterscheiden, beginnt man zu kämpfen. Auf lange Sicht gesehen führt diese Einstellung zu Krieg.

Was aber ist dann richtig oder falsch? Wenn ein Gedanke mit der Wirklichkeit übereinstimmt, ist dieser Gedanke richtig, wenn nicht, ist er falsch. Wenn ich sage: »Die Hauptstadt der Vereinigten Staaten ist New York«, so ist die Reaktion: »Das ist falsch, sie haben Unrecht«, weil mein Gedanke nicht mit der Wirklichkeit übereinstimmt, und wenn ich falsche Gedanken habe, habe ich Unrecht. Im Englischen sagt man »You are wrong« (wörtlich: Du bist falsch), wenn man sagen will, dass jemand Unrecht hat. Tatsache ist aber, dass nur Gedanken richtig oder falsch sein können. Handlungen oder Menschen können nicht richtig oder falsch sein. Wenn man im englischsprachigen Raum sagt, dass jemand falsch ist (you are wrong), so meint man damit, dass seine Gedanken richtig oder falsch sind. Hier wird der Mensch und seine Gedanken verwechselt, weil man glaubt, dass Menschen entsprechend ihrer Gedanken handeln.

Es ist nicht wichtig, richtige Gedanken zu haben, und es ist auch nicht wichtig, Recht zu haben. Es ist wichtig zu wissen, wenn man Unrecht hat, wenn man falsche Gedanken hat. Falsche Gedanken führen zu Verwirrung im Menschen und in den eigenen Handlungen, weil sie der Wirklichkeit widersprechen, und wenn die Handlungen von falschen Gedanken beeinflusst werden, entsteht Verwirrung in der Welt. Daher hat jeder die verantwortungsvolle Aufgabe, falsche Gedanken aus sich zu entfernen. Dazu muss man die Wirklichkeit wahrnehmen, ohne sie zu benennen, was man Meditation nennt.

3. Gleich oder Verschieden

Viele Leute sagen zu mir: »Sie unterrichten das Gleiche wie X«. Dieses X kann irgendeine Therapie oder Meditationstechnik, ein indischer Meditationslehrer oder ein Philosoph sein. Meine Antwort ist immer: »Nein, was ich unterrichte, ist ganz anders«, aber die meisten Leute sehen den Unterschied nicht oder wollen ganz einfach glauben, dass das, was ich unterrichte, das Gleiche ist wie etwas, was sie schon kennen.

Ich frage mich immer wieder, wieso so viele Leute glauben wollen, dass zwei Dinge gleich sind. Wenn man einen Unterschied zwischen zwei Dingen sieht, sagt man, dass sie verschieden sind, wenn man die Gemeinsamkeiten sieht, sagt man, dass sie gleich sind. Wenn man also sagt, dass zwei Dinge gleich sind, will man Gemeinsamkeiten finden. Das heißt, dass man sich mit einer Sache zufrieden gibt und nicht daran interessiert ist, andere Aspekte des Lebens kennen zu lernen. Wenn man zwei Dinge als gleich bezeichnet, will man dabei bleiben, was man kennt, weil das gut für einen ist. Das ist leicht verständlich: wenn man etwas gut und interessant findet, bleibt man dabei und interessiert sich für nichts anderes.

Alles auf unserer Welt ist einzigartig, aber zugleich ist alles in gewisser Hinsicht ähnlich. Es kommt auf den Betrachter an, Gemeinsamkeiten oder Unterschiede zu sehen. Aber gibt es auch Dinge, die man noch nicht kennt, und man muss zumindest den Unterschied verstehen. Später wird man dann vielleicht feststellen, dass man einen Teil der Welt braucht, den man noch nicht kennt und der anders ist als die eigene Welt.

4. Mein Englisch oder dein Englisch

Was heißt eigentlich »jemanden verstehen«? Jetzt gerade versuchen Sie den Autor zu verstehen. Aber was machen Sie wirklich, wenn Sie versuchen mich zu verstehen? Wenn ich Japanisch spreche, müssen Sie Japanisch lernen, um mich zu verstehen. Wenn ich Englisch spreche, müssen Sie Englisch lernen. Jetzt denken Sie vielleicht, dass Sie kein Englisch mehr lernen müssen, weil Sie es schon können. Aber verstehen sie Shakespeares Englisch wirklich? Verstehen Sie das Englisch von jedem, der Englisch spricht? In der Tat spricht jeder ein anderes Englisch, und das ist keine Frage von Dialekten oder der Standardsprache.

Eine Sprache besteht aus vielen Worten, und jedes Wort entspricht einer Fassette der Wirklichkeit. Man nennt dies die Wortbedeutung, und diese Bedeutung kann man nicht in einem Lexikon oder Wörterbuch finden. Lexika enthalten nur ungenaue Ansammlungen verschiedener Wortbedeutungen. Aber jeder Mensch hat für die Wörter eigene Bedeutungen, je nach dem Leben, das er führt. Gewissermaßen spricht jeder Mensch seine eigene Sprache. Jemanden verstehen heißt also, seine Sprache lernen. Mein Englisch zu lernen wäre einfacher als Japanisch zu lernen, aber trotzdem müssen Sie lernen. Verstehen heißt lernen.

Und was geschieht, wenn Sie mich verstanden haben? Mich verstehen heißt mein Englisch lernen. Wenn das, was Sie verstanden haben, Ihnen in Ihrem Leben hilft, werden Sie meine Worte mit meiner Bedeutung weiterverwenden, und die Leute um Sie herum werden mit der Zeit das Gleiche tun, was dazu führen wird, dass sich die englische Sprache verändert. Nur so verändert sich eine Sprache. Fast überall auf der Welt gibt es das Wort TV. Viele Leute beschäftigen sich gerne mit dem Fernsehen / TV und haben deshalb das Wort TV akzeptiert, und die Sprache hat sich verändert. Das ist einfach die Evolution der Sprache. Viele englische Wörter stammen ursprünglich aus dem Französischen, weil früher die französische Kultur in England sehr beliebt war. Heute wiederum beginnen die Franzosen damit, englische Elemente in ihre Sprache aufzunehmen.

5. Objektivität und Subjektivität

In unserer Gesellschaft kennt man nur die objektive und die subjektive Methode, die Welt zu betrachten. Beide Möglichkeiten sind jedoch begrenzt, und zwar durch das Objekt der Betrachtung und den gewählten Standpunkt. So entsteht bei Diskussionen oft ein Durcheinander, weil man sich zu zuerst einigen muss, worüber man diskutieren will und welchen Standpunkt man einnehmen will. Aus diesem Grund gibt es manchmal bei Diskussionen keine sinnvollen Ergebnisse.

Bei der Meditation ist das ganz anders. Man betrachtet die Welt dabei als absolutes Ganzes, und es gibt keine Auswahlmöglichkeit. Man sieht die ganze Welt zugleich und wählt kein Objekt zur Betrachtung aus. Man ist also weder objektiv noch subjektiv. Es gibt keinen Standpunkt, weil man die Dinge nur von da aus betrachten kann, wo man ist. Dann werden auch die Handlungen absolut, weil sie direkt aus der absoluten Wahrnehmung der Welt einschließlich des eigenen Inneren kommen.

6. Tun, was man sagt oder sagen, was man tut

Von früher Kindheit an wird man dazu erzogen zu tun, was man sagt. Das fängt schon früh an, wenn zum Beispiel die Eltern fragen, wie viele Kartoffeln das Kind essen will. Auch wenn das Kind nicht weiß, was es sagen soll, sagt es »drei«, um seine Eltern zu erfreuen. Wenn das Kind dann beim Essen feststellt, dass es eigentlich nur zwei Kartoffeln will, bekommt es Schwierigkeiten mit seinen Eltern, die sagen: »Du musst jetzt drei Kartoffeln essen, weil du das gesagt hast.« Mit der Zeit lernen Kinder zu tun, was sie gesagt haben. Aber so übt man Zwang auf sich selbst aus und es entsteht immer mehr Spannung im Körper.

Als Erwachsener kann man die meisten Dinge, die man sagt, auch tun. Aber dabei entstehen jedes Mal Spannungen im Körper, und diese Spannungen addieren sich auf. Was kann man dagegen tun? Das Erste, was man tun muss, ist, nichts zu tun. Dann erkennt man die Freude an der Entspannung. Dann gilt es herauszufinden, wie man so entspannt bleiben kann. Dazu muss man Dinge tun können, ohne sich dazu zu entscheiden. Man lernt frei von seinen eigenen Entscheidungen zu sein. Entscheidungen sind nur Gedanken, und man ist frei von seinen Gedanken.

Die Leute um einen herum wollen immer wissen, was man in der Zukunft tun wird, und man muss darauf eine Antwort geben. Um diese Fragen beantworten zu können, muss man vermuten können, was man wohl in der Zukunft machen wird. Man muss sich selbst kennen, und dann versteht man auch, wie man sich in bestimmten Situationen verhalten wird. Man kann dann sagen, was man tun wird, und dennoch frei sein von dem, was man gesagt hat.

Zunächst sollte man dabei möglichst wenig Auskünfte geben. Es ist leichter, wenn man sich eine Zeit lang zurückziehen kann. Dann hat man keine Verpflichtungen und kann sich darauf konzentrieren, sich selbst zu beobachten. Wenn man dies beibehält, beginnt man sich selbst zu erkennen, und man wird seine zukünftigen Handlungen immer präziser vorhersagen können. Dann kann man ein freies Leben führen.

7. Schlussfolgerungen statt Entscheidungen

Wenn ich von einem Leben ohne Entscheidungen spreche, meine ich damit das innere Leben, nicht das Leben in der Gesellschaft. In der Gesellschaft ist es notwendig, gemeinsam Entscheidungen zu treffen, um ein harmonisches Zusammenleben zu gewährleisten. Was aber geschieht beim inneren Leben? Wenn man innerhalb und außerhalb des Körpers zugleich wahrnimmt, so stellt man fest, dass alles, was man wahrnimmt, und auch manches, was man nicht wahrnimmt, zusammenarbeitet, um zu einer Schlussfolgerung zu gelangen. Aus dieser Folgerung entsteht eine klare und eindeutig definierte Handlung. Dann sagt man »Ich habe mich entschieden zu ...«.

8. Führen und Manipulieren

Im Alltag ist es oft schwierig, den Unterschied zwischen Führen und Manipulieren zu sehen. Man mag glauben, man müsse führen, aber tatsächlich manipuliert man andere. Der Unterschied ist also sehr wichtig.

Der Hauptunterschied ist, dass man bei der Manipulation weiß, wen man manipuliert und zu welchem Zweck, beim Führen jedoch nicht. Manipulation beruht immer darauf, was man will, wohingegen Führen unwillentlich geschieht. Man kann andere manipulieren, wenn ihr Interesse und das eigene Interesse zusammenpassen. So kann ein Manager die Arbeiter dahingehend manipulieren, dass sie besser arbeiten, weil jeder gern besser arbeitet und es in der Folge möglich ist, dass sowohl die Arbeiter als auch der Manager mehr Geld verdienen können. Aber es ist nicht möglich, seine Familie auf diese Weise zu manipulieren, weil die Interessen zu verschieden sind. Dann erkennt man, dass man führen muss, nicht manipulieren. Was aber ist Führen? Die meisten Menschen glauben, dass Führen heißt, andere dazu zu bringen, etwas zu tun, was gut für sie ist. Aber man kann nicht wissen, was andere tun sollten. Wenn man unbewusst versucht andere Leute dazu zu bringen, zu tun oder zu sein, was man selbst für richtig hält, wird es unvermeidlich zu Manipulation. Es ist aber möglich zu wissen, was man selbst tun sollte, wenn man sich und die Welt um sich herum immer wahrnimmt.

Die eigenen Handlungen sind eine unausweichliche Folge dieser Wahrnehmung, und so sollte man im Leben handeln. Dann sieht man, dass alle Handlungen andere Menschen beeinflussen, und man ganz ohne Absicht auf andere Personen einwirkt. Man wählt dabei nicht aus, wen man beeinflusst, und kennt auch das Ergebnis nicht. Man stellt nur fest, dass man die Welt um sich herum verändert.

Wenn man mit jemandem in Kontakt steht, hört man ihm selbstverständlich zu. Beim Zuhören verändert sich sein Geist, weil mein Geist und sein Geist auf denselben Punkt ausgerichtet sind. Wenn mein Geist ruhiger ist als seiner, wird mein Geist automatisch seinen Geist führen, und das ist das einzig richtige »Führen« im Leben.

9. Kommunikation und Wirklichkeit

Kommunikation ist sehr wichtig, aber was kommuniziert man eigentlich? Wenn man seine Gedanken kommuniziert, wird die Kommunikation nicht sehr effektiv sein, weil man nur versucht den Zuhörer zu überzeugen. Der Zuhörer wird vermutlich nicht der gleichen Meinung sein, ein Streit beginnt, und die Kommunikation ist beendet. Wenn man Gefühle zu kommunizieren versucht, erwartet man Mitleid, und wenn man es nicht bekommt, ist man frustriert. Beim Kommunizieren von Gefühlen erwartet man immer eine Rückmeldung. Beide Varianten basieren auf dem Konzept, dass Handlungen aus Gedanken und Gefühlen kommen. Tatsächlich aber kommen die Handlungen aus der Wahrnehmung. Die einzig richtige Kommunikation ist die Kommunikation der Wirklichkeit. Warum aber sollte man die Wirklichkeit kommunizieren? Handlungen basieren auf der Wahrnehmung der Wirklichkeit, und indem man die Wirklichkeit kommuniziert, trägt man dazu bei, das Leben anderer Menschen auf richtige Weise zu verändern.

10. Disziplin und Konventionen

Wenn man Kinder hat, fragt man sich manchmal, ob sie genug Disziplin haben, gut genug erzogen sind. Tatsache ist aber, dass die meisten Erwachsenen nur überkommenen Konventionen folgen und überhaupt keine Disziplin haben. Wenn die Eltern gut erzogen sind, sind die Kinder das ganz natürlich ebenfalls. Wenn aber die Eltern nur Konventionen folgen, beginnen die Kinder die Konventionen der Generation vor ihnen zu hassen. Konventionen sind Übereinkünfte innerhalb einer Gesellschaft, und es ist völlig normal, dass sich die Konventionen von Generation zu Generation verändern. Konventionen haben daher keinen moralischen oder spirituellen Wert. Wenn Eltern den Unterschied zwischen Disziplin und Konventionen nicht kennen, ist es ganz normal, wenn die Kinder ihnen nicht zuhören. Der einzige Weg, Kindern Disziplin zu vermitteln, ist sich selbst zu disziplinieren.

11. Gute und schlechte Verfassung

Sportler zeigen manchmal gute und manchmal schlechte Leistungen. Sie glauben meist, dass das damit zusammenhängt, dass der Körper und/oder der Geist in guter Verfassung ist. Dabei trennen sie Geist und Körper. Wie kann man dann aber erklären, warum ihre Leistung, auch technisch betrachtet, so sehr variieren kann?

Das hängt damit zusammen, dass man viele Konzepte in sich hat, und zwar Konzepte für gute Technik und Konzepte für schlechte Technik. Wenn man körperlich und mental stark ist, verwendet man aus guter Gewohnheit oder dank des richtigen Trainings die richtige Technik. Wenn die Verfassung aber schlecht ist, kommen die Sportler durcheinander und verlieren diese gute Angewohnheit. Dann zeigen sich die schlechten Konzepte und führen so zu schlechter Technik.

Es ist daher notwendig, Konzepte zu verstehen und Ordnung in seinen Konzepten zu schaffen. Dann gibt es zwischen den Konzepten keine Konflikte und man kann gute Technik zeigen, auch wenn die Verfassung nicht gut ist.

8

GEWOHNHEITEN

1. Entscheiden

Haben Sie sich jemals gefragt, wie Sie Entscheidungen treffen? Von der Logik her gesehen sollte man genau wissen, wie man sein Leben führt und wie man harmonische Entscheidungen in seinem Leben trifft. Es ist aber schwierig zu wissen, wie man leben soll, und es ist genauso schwierig zu wissen, wie die Entscheidungen das Leben beeinflussen.

Deshalb entscheidet man meistens so, dass man mehr Vergnügen und weniger Schmerz hat. So fallen die Entscheidungen leichter, selbst wenn diese Entscheidungen nicht harmonisch zum eigenen Leben oder zu den Zielen, die man hat, passen. Genau das wiederum macht das Entscheiden aber so schwierig. Da man das Leben mit Worten nicht wirklich beschreiben kann, kann man Worte nicht zu Hilfe nehmen, um zu den richtigen Entscheidungen zu gelangen. Man sollte also in der Lage sein, ohne Worte korrekt zu handeln. Dies ist im Bereich der Kunst möglich. Im Theater, in der Musik, im Tanz, in der Malerei und Bildhauerei gibt es korrekte und nicht korrekte Handlungen. Mithilfe des Sinns für Harmonie kann man beurteilen, ob Handlungen, und zwar auch die eigenen, korrekt sind. Es ist also möglich, im Leben sowohl korrekt zu handeln, als auch einen Sinn für Harmonie zu haben.

Der einzige Unterschied zwischen der Kunst und dem Leben ist, dass das Leben in Raum und Zeit sehr viel umfassender ist. Deswegen ist es schwieriger, den Sinn für Harmonie auf das Leben anzuwenden, aber es ist möglich, wenn man sich bemüht.

Denken Sie nur an einige der Fehler, die Sie in der Vergangenheit gemacht haben. Die meisten Fehler geschahen, weil Sie etwas nicht wussten oder nicht daran gedacht haben. Es ist besser, wenn der Geist frei ist. Dann ist man für alles offen, weiß mehr und denkt auch mehr. Dann werden auch die Handlungen besser.

2. Illusion

Die meisten Menschen leben in einer Welt der Illusion, was bedeutet, dass sie sich nicht darüber im Klaren sind, dass ihre Wahrnehmung von ihren Konzepten abhängt. Natürlich kann niemand alles sehen, tatsächlich aber sieht jeder nur das, was seinen Konzepten entspricht. Der Unterschied liegt darin, ob man seine eigenen Konzepte kennt oder nicht. Wenn man sie kennt, lebt man in der realen Welt; wenn man sie nicht kennt, lebt man in einer Welt der Illusion.

3. Interpretieren

In der Schule lernt man Phänomene mithilfe von Theorien zu interpretieren. Dieses Verfahren ist sinnvoll, um die Theorien zu verstehen, die von unseren Vorfahren kommen. Die Schulbildung dient größtenteils dazu, Traditionen zu erhalten. Diese Einstellung führt jedoch dazu, dass man nur Dinge sieht, die mithilfe der Theorien erklärt werden können, und die Dinge, die nicht interpretiert werden können, werden nicht beachtet. Das führt zu einer verzerrten Weltsicht, die man in der Welt der Meditation normalerweise als »Leben in einer Welt der Illusion« bezeichnet. Ein wichtiger Bestandteil der Meditation ist es, Dinge zu sehen, ohne eine Theorie darauf anzuwenden. Kleine Kinder haben so eine Sichtweise der Welt. Alle großen Errungenschaften und Erfindungen sind aus dieser Geisteshaltung entstanden, die Welt zu betrachten, ohne bereits bestehende Theorien auf sie anzuwenden.

4. Kann man zwei Sachen gleichzeitig machen?

Wenn ich ein Notebook kaufen will, gehe ich in einen Laden. Es kommt vor, dass man dort einen Verkäufer oder eine Verkäuferin antrifft, der oder die sich gerade mit einem Kunden unterhält. Wenn ich dann sehe, dass der Kunde lange brauchen wird, um zu einer Kaufentscheidung zu gelangen, frage ich den Verkäufer, ob in diesem Laden Notebooks erhältlich sind. Wenn die Antwort Ja ist, warte ich, wenn sie Nein lautet, gehe ich in ein anderes Geschäft. Oft aber geschieht es, dass der Verkäufer ungehalten wird und schimpft: »Sehen Sie nicht, dass ich gerade mit diesem Kunden beschäftigt bin? Sie müssen schon warten, bis ich fertig bin.« Dann rechtfertigt er sich, indem er noch sagt: »Ich kann schließlich keine zwei Sachen gleichzeitig machen.« Ich halte das für sehr seltsam, denn es wäre viel leichter, einfach nur Ja oder Nein zu sagen, anstatt so viel Zeit aufzuwenden, um mich zurechtzuweisen.

Vermutlich liegt es daran, dass diese Leute sich durch ihre Gedanken bestimmten Zwängen unterwerfen. Dann ist immer eine gewisse Anspannung in ihrem Körper, und sobald sie ihre Gedanken oder Handlungen verändern müssen, entsteht neue Spannung. Deshalb wollen sie ihre Handlungen oder Gedanken auch nicht verändern.

5. Warum man sich entspannen will

Wenn man Leuten diese Frage stellt, erhält man wahrscheinlich als Antwort: »Weil es so bequem ist und sich so gut anfühlt.« Das aber ist ein typischer Fehler und sehr egoistisch. Wenn man glücklich sein will, bedeutet das, dass man unglücklich ist; denn wenn man wirklich glücklich ist, kümmert man sich nicht mehr um das Glücklichsein. Genauso will man sich gut fühlen, weil man sich unglücklich fühlt, man will sich entspannen, weil man nicht entspannt ist. Entspannung wird hier wie eine Therapie oder eine Arznei verwendet, was bedeutet, dass man der Realität seines Lebens entflieht.

Sich richtig entspannen fängt an, wenn es nichts gibt, über was man sich beschweren möchte. Dann ist man glücklich und entspannt. Warum aber sucht man die Entspannung? Man sucht sie, weil man im Leben richtig handeln möchte. Man entspannt sich, um die Welt richtig wahrzunehmen, damit das eigene Leben nicht zur Verwirrung in der Welt beiträgt. So wird Entspannung gewissermaßen zu einer Pflicht.

6. Wie man neue Konzepte versteht

Neue Konzepte werden mit dem Körper gebildet, nicht mithilfe des Gehirns. Das Gehirn verändert nur die bekannten Konzepte und setzt sie neu zusammen. Deshalb verstehen Leute mit einem guten Gehirn Neues nicht unbedingt leicht. Die meisten Konzepte, die in der Wissenschaft oder im Geschäftsleben zur Anwendung kommen, sind nicht wirklich neu, sondern nur zusammengesetzte Konzepte. Man verwendet dieselben Konzepte und setzt sie auf andere Weise zusammen. Das ist die Arbeit des Gehirns. Wirklich neue Konzepte kommen aus dem gesamten Körper. Daher kann man ein neues Konzept nur bilden, indem man alles zusammen wahrnimmt. Dann erschafft das Gehirn entsprechend dieser Wahrnehmung etwas Neues.

7. Präzision mit und ohne Kontrolle

Die meisten Menschen kennen Präzision nur in Verbindung mit Kontrolle. Man muss aber auch die Präzision ohne Kontrolle kennen. Wenn man geht, schwingen die Arme neben dem Körper. Wenn man versucht die Arme nicht zu bewegen, kontrolliert man seine Arme. Wenn man versucht sie auf bestimmte Weise zu bewegen, kontrolliert man sie noch immer. Man muss zulassen, dass sie sich auf natürliche Weise bewegen. Deshalb muss man auch ohne Kontrolle sehr präzise sein.

8. Stark sein

Das Wort »stark« wird oft verwendet. Aber wissen Sie genau, was stark sein heißt? Es gibt körperliche und geistige Stärke. Körperliche Kraft wird daran gemessen, wie sehr man einer Gegenkraft widerstehen kann. Widerstehen heißt aber, dass man Spannung aushalten muss. Wenn man etwas sehr Schweres hochheben kann, gibt es dabei eine sehr große körperliche Spannung. Wenn man diese Spannung aushalten kann, wird man als stark bezeichnet. Unbewusst verwendet man die gleiche Definition für mentale Stärke. Eine mental starke Person sollte in der Lage sein starke geistige Spannung auszuhalten. Aber woher kommt diese Spannung? Dafür gibt es zwei Möglichkeiten.

Zum einen kann die Spannung aus Entscheidungen kommen. Wenn man bei einer Entscheidung Schwierigkeiten hat, gibt man dem einen Argument mehr Gewicht und entscheidet sich dann. Wenn aber ein anderer Aspekt mehr Gewicht bekommt, verändert sich die Entscheidung. Sobald man sich einmal entschieden hat, versucht man nicht mehr darüber nachzudenken, damit man seine Handlung mit dieser Entscheidung als Basis fortführen kann. Dabei entsteht immer eine gewisse Spannung, weil man sich bemüht, an etwas Bestimmtes nicht zu denken. Diese Spannung ist geistige Spannung.

Ein zweiter Grund kann sein, dass man geistig verwirrt ist. Wenn etwas Ungewöhnliches passiert, muss das Gehirn dies erst verarbeiten, und das braucht seine Zeit. Während das Gehirn diese Störung verarbeitet, muss man aber noch immer sein tägliches Leben und seine Arbeit fortführen. Es ist so ähnlich, wie wenn man viel Lärm aushalten muss. Normal weiter zu funktionieren, auch wenn es Störungen gibt, führt zu geistigen Spannungen. Man muss alles zusammen wahrnehmen und erkennen, dass das Gehirn die Störung verarbeitet. Wie bei einem schweren Essen braucht auch das Verdauen einer Störung eine gewisse Zeit. Man muss auch akzeptieren, dass die Leistungsfähigkeit niedriger ist, während das Gehirn die Störung verarbeitet. Es ist genau wie beim Körper. Man muss akzeptieren, dass der Körper auf einem niedrigeren Niveau funktioniert, während man ein schweres Essen verdaut.

9. Zuhören

Die meisten Menschen glauben, dass Kommunikation das Gleiche ist wie Sprechen. Wenn jemand nicht spricht, sagen sie, dass er nicht kommuniziert, aber das ist falsch. Wenn sie so denken, fangen die Leute an Blödsinn zu erzählen, nur damit man sie nicht der Kommunikationslosigkeit bezichtigt. Kommunikation heißt eigentlich zuhören. Wenn niemand zuhört, ist Reden sinnlos.

Kommunikation beginnt mit dem Zuhören. Um zum Beispiel mit der Natur zu kommunizieren, geht man in einen Wald und lauscht. Dann merkt man, dass eine echte Kommunikation beginnt. Wenn man mit Kindern kommunizieren will, muss man ihnen zuhören.

Wenn man jemandem zuhört, begibt der eigene Geist sich unbewusst dahin, wo der Geist des Sprechers ist, und sie sind vereint. Das ist die Essenz der Kommunikation. Wenn der Geist von Zuhörer und Sprecher vereint sind, führt der Zuhörer den Sprecher. Zuhören ist Führen.

Manche Leute reden lieber als dass sie zuhören. Sie hören nicht einmal sich selbst zu. Man muss aber verstehen, was es bedeutet, sich selbst zuzuhören. Wenn man erst denken muss und dann spricht, kann man sich selbst nicht zuhören. Wenn man aber verstanden hat, dass die Handlung aus der Wahrnehmung resultiert, kann man reden, ohne zu denken. Dann kann man auch dem zuhören, was man selbst sagt. Die eigene Sprechweise wird dann dadurch verfeinert, dass man sich selbst zuhört.

Wenn man sich selbst jederzeit zuhören kann, kann man jedem zuhören. Dann ist Kommunikation mit jedem möglich.

10. Dimensionen des Raums

Wenn man die Augen schließt und wahrnimmt, kann man Gedanken und Gefühle wahrnehmen. Wo sind diese Gedanken? Man mag zuerst glauben, dass sie im Gehirn sind, aber wenn man sie wirklich wahrnimmt, stellt man fest, dass man nicht weiß, wo die Gedanken sind. Wenn man den Aufenthaltsort von etwas bestimmt, denkt man dreidimensional. Die Zeit fügt die vierte Dimension hinzu. Gedanken aber existieren in der fünften Dimension. Gefühle können in der sechsten Dimension sein. Somit ist der Raum der Wahrnehmung multi-dimensional.

In der klassischen griechischen und in der chinesischen Philosophie gibt es die Vorstellung, dass das Universum in einem Zustand der kontinuierlichen Veränderung und Bewegung begriffen ist, in dem es keinen Stillstand gibt. Fast jeder glaubt das. Es trifft aber nur auf das materielle Universum zu. Materie bewegt sich und verändert sich, das Universum enthält aber auch Elemente des geistigen Lebens, wie Glück, Schönheit, Harmonie, Hass usw. Bewegt sich Schönheit? Man kann nicht sagen, dass die Schönheit sich bewegt, weil sie im Raum keinen Platz einnimmt. Alle geistigen Elemente befinden sich jenseits des Raumes und bewegen sich demnach nicht. Ebenso verändern sie sich nicht. Was geschieht also mit den geistigen Elementen des Universums? Sie erscheinen und sie verschwinden wieder. Das ist die charakterisierende Eigenschaft des Geistes. Wenn man sich an einem schönen, stillen Abend hinsetzt und den Mond anschaut, erscheinen Schönheit und Harmonie. In dem Moment aber, in dem der Nachbar laute Musik aufdreht, verschwinden Schönheit und Harmonie, und der Frust erscheint.

Im Leben sind die geistigen Elemente genauso wichtig wie die körperlichen. Die geistigen Elemente erscheinen und verschwinden, während der materielle Teil der Welt sich stets im Fluss und in Veränderung befindet. Geist und Körper folgen verschiedenen Prinzipien, aber beide sind feste Bestandteile des Ichs.

11. Der Unterschied zwischen Meditation und Philosophie

Die Grundlage der Meditation ist die Frage: »Was soll ich tun?«, wohingegen sich die Philosophie mit der Frage: »Was sollte man tun« oder: »Was solltest du tun?« beschäftigt. Wenn ich sehe, dass jemand nervös und verspannt ist, denke ich darüber nach, was man tun könnte, und sage dann meine Meinung. Dann interessiert mich auch, ob diese Meinung richtig oder gut ist. Das ist der philosophische Ansatz. Bei der Meditation hingegen fragt man sich, ob man die Meinung überhaupt aussprechen soll. Sehr oft kommt vor, dass ich dann gar nichts sage und niemand meine Meinung erfahren wird.

12. Wissenschaft, Psychologie und Meditation

Wenn man die europäische Geschichte betrachtet, merkt man, dass die Wissenschaft vor ein paar Jahrhunderten die Rolle der Religion übernommen hat. Heute glauben die Leute nicht mehr an Religion, sondern an die Wissenschaft. Zum Beispiel sind Wissenschaftler heute in der Lage Gehirnwellen zu messen. Sie haben herausgefunden, dass verschiedene Muster von Gehirnwellen verschiedenen Zuständen von Geist und Körper entsprechen, und man beginnt jetzt diese Information dazu zu verwenden, Geist und Körper zu trainieren. Das ist ein interessantes Verfahren, und es kann für manche Leute sehr nützlich sein, um ruhiger zu werden oder sich besser zu entspannen; aber es gehört in den Bereich der Psychotherapie und nicht in den der Meditation. Meditation sucht nach der Wahrheit im Leben und unterscheidet sich darin von Wissenschaft und Psychotherapie. Die Frage, die sich bei der Meditation stellt, ist: »Was sollte ich in meinem Leben tun?«, und diese Frage kann nie mithilfe der Wissenschaft oder Psychologie gelöst werden. Anders gesagt: Wissenschaft und Psychologie können die Frage »Wie macht man etwas?« beantworten, aber nicht die Frage »Was soll ich tun?«. Dafür ist die Meditation der einzige Weg.

13. Gegen die Gesellschaft leben

Die Meditation ist von Natur aus gegen die Gesellschaft. Deswegen gibt es viele Meditationsgruppen, die von der Gesellschaft zurückgezogen und isoliert sind und die man als Sekten bezeichnet. An dieser Situation ist jedoch etwas falsch. Man muss wissen, dass gegen die Gesellschaft zu sein nicht bedeutet, dass man gegen bestimmte Personen ist. Man sollte nie gegen jemanden sein, sondern alle Menschen lieben. Wenn man wirklich versucht sein eigenes Leben zu leben, stellt man unweigerlich fest, dass die Gesellschaft gegen einen ist. Wenn man die Zustimmung anderer braucht, die Bestätigung, dass sie genau so denken oder fühlen wie man selbst, wird man sich frustriert fühlen und ärgerlich auf die anderen werden. Dann ist man gegen andere Leute. Wenn man sich selbst aber wirklich versteht, merkt man, dass man keine anderen Leute zum Handeln braucht, und man braucht dann auch keine Bestätigung seiner Meinung oder Gefühle. Dann kann man andere Leute mögen und trotzdem ihre Gedanken und Gefühle ablehnen, und man ist zwar gegen die Gesellschaft, nicht aber gegen einzelne Personen.

14. Kultur, Zivilisation und Industrialisierung

Kennen Sie den Unterschied zwischen Kultur, Zivilisation und Industrialisierung? Ich habe einmal einen Waliser gefragt, ob er ein kultivierter Mensch sei und er antwortete, dass er es nicht sei. Was er meinte, war eigentlich, dass er keine Hochschule oder Universität besucht hat. Die meisten Menschen sehen keinen Unterschied zwischen einem Diplom und der Tatsache, kultiviert oder zivilisiert zu sein.

»Gebildet sein« ist leicht zu verstehen. Kultur ist der Versuch eines einzelnen Menschen, sein Leben schöner und besser zu gestalten. Wenn viele Leute in einer Gesellschaft das Gleiche machen, um ihr Leben zu verbessern, bezeichnet man dies als die Kultur dieser Gesellschaft. Kultur existiert in jeder Gesellschaft und hat nichts mit Bildung oder Reichtum zu tun. In Afrika gibt es viele arme Menschen, die doch ihre eigene Kultur haben; in Europa hingegen gibt es Leute mit viel Geld und wenig Kultur. Diese Leute erfahren in ihrem Leben nur Leid, denn Kultur kann es nur geben, wenn man ein glückliches Leben führt. Wenn man glücklich ist, versucht man ungeachtet der Kosten sein Leben zu verbessern, und das ist wahre Kultur. Kultur kann sich zeigen in der Art wie man sich kleidet, wie man isst oder wie man sein Haus einrichtet.

Zivilisation ist die Aktivität einer Gemeinschaft, die versucht, effektiv zusammenzuleben. Sie drückt sich durch den Bau von Brücken, Straßen, Fabriken und das Bilden von Organisationen aus. Ganz offensichtlich hat sich in Europa eine sehr hohe Stufe der Zivilisation entwickelt. Ein zivilisierter Mensch ist jemand, der weiß, wie er in einer Zivilisation leben kann. Er weiß zum Beispiel, wie man Auto fährt, wie man Computer verwendet, und wie man sich an die Regeln und Vorschriften der Gemeinschaft hält.

Die Industrialisierung ist eine Entwicklung der Industrie. So gab es zum Beispiel in Japan im 19. Jahrhundert eine sehr hohe Stufe der Zivilisation, aber das Land war nicht industrialisiert. Japan konnte aber sehr schnell industrialisiert werden, weil das Land schon sehr zivilisiert war. Im 19. Jahrhundert konnte in Japan ein größerer Anteil der Bevölkerung lesen und schreiben als in Europa. Japan war also zu jener Zeit zivilisierter als Europa, aber Europa war industrialisierter.

15. Fragen und Antworten sind dasselbe

Viele Menschen haben Fragen und versuchen Antworten darauf zu finden, weil sie erwarten, dass sie besser oder anders leben können, wenn sie die Antwort erst einmal kennen. Aber in den meisten Fällen finden sie keine Antworten auf ihre Fragen. Dann sind sie enttäuscht, versuchen die Fragen zu vergessen und so zu leben wie alle anderen. Manche aber bleiben starrköpfig bei ihren Fragen und verschwenden ihre Zeit.

Zunächst muss man wissen, dass man ohne Antworten leben sollte. Antworten sind Gedanken. Man denkt unbewusst, dass es die Gedanken sind, die die Handlungen erzeugen. Deswegen sucht man Antworten. Da aber die Handlungen aus der Wahrnehmung kommen, braucht man zum Leben keine Antworten.

Als Nächstes muss man verstehen, dass Fragen und Antworten dasselbe sind. Ein einfaches Beispiel:

Frage: $b + x = a$

Antwort: $x = a - b$

Die Antworten sind nur eine vereinfachte Form der Frage. Wenn man die Frage nicht mehr weiter vereinfachen kann, hat man die Antwort gefunden.

Im Leben gibt es eine unendliche Anzahl guter Fragen. Wenn man versucht Antworten zu finden, verpasst man eine Menge anderer guter Fragen. Also muss man Fragen stellen. Wenn man die Frage in der einfachstmöglichen Form stellen kann, hat man bereits die Antwort. Auf diese Weise bleibt man für alle Fragen offen und erhält trotzdem viele Antworten. Dann wird das Leben interessanter und harmonischer.

16. Der eine Punkt im Unterbauch

In den Industriegesellschaften arbeiten heutzutage die meisten Menschen im Büro. Das heißt, dass sie auf einem Stuhl sitzen und mit Papieren und Computern arbeiten. Das wiederum bedeutet, dass sie sich acht Stunden lang nicht bewegen, der Blutkreislauf leidet und der Körper steif wird.

Normalerweise ist Sport oder Jogging eine Möglichkeit, etwas dagegen zu tun. Das ist gut, aber trotzdem funktioniert der Körper während der Arbeitszeit nicht gut. Gibt es irgendeine Möglichkeit, auch während der Arbeit das gute Funktionieren des Blutkreislaufs aufrechtzuerhalten? Am besten ist es, dazu die Atmung zu kontrollieren. Die Bewegung beim Atmen besteht einerseits aus der Bewegung des Zwerchfells und andererseits aus der Bewegung von Brust und Bauch. Man kann dies als innere und äußere Bewegung bezeichnen. Man kann nun die innere Bewegung maximal vergrößern, indem man die äußere Bewegung möglichst gering hält. Versuchen Sie im täglichen Leben Brust und Bauch nicht zu bewegen. Das tut man, indem man sich geistig auf den Punkt im Unterbauch konzentriert, der sich als tiefster Punkt gerade noch bewegt, wenn man tief einatmet. Diesen Punkt bezeichnet man als den »einen Punkt im Unterbauch«. Indem man sich dieses Punktes bewusst ist, kann man eine gute Bewegung des Zwerchfells gewährleisten, auch wenn man im Büro sitzt. Diese Bewegung des Zwerchfells führt zu einem guten Funktionieren des Blutkreislaufs.

17. Es gibt keine universellen Prinzipien

Eine Richtung der Philosophie im alten Griechenland basierte auf dem Satz: »Am Anfang war das Chaos.« Dann entstand der Kosmos und die Welt, in der wir leben. Der Kosmos unterstand gewissen Prinzipien, und dementsprechend sollte auch der Mensch mit Prinzipien leben.

Im alten China gab es die Philosophie, dass zwei entgegengesetzte Kräfte, Yin und Yang, die Welt aus dem Chaos erschufen. Auch die Chinesen glaubten, dass es universelle Prinzipien gibt, denen der Mensch folgen sollte.

Es ist an dieser Stelle nicht notwendig, die Geschichte der Menschheit oder der Philosophie zu diskutieren. Stattdessen sollte man die Welt, in der wir leben, sehen. Sowohl in Europa (und in Amerika, wohin Europäer ausgewandert sind) als auch in Asien suchen die Menschen nach universellen Prinzipien, um ihr Leben entsprechend zu führen. Nun stellen sich zwei Fragen:

1. Gibt es universelle Prinzipien?

2. Brauchen wir universelle Prinzipien zum Leben?

Ein universelles Prinzip ist etwas, was zu jeder Zeit und an jedem Ort gilt. Viele Leute glauben zum Beispiel, dass die Schwerkraft ein solch universell gültiges Prinzip ist. Aber sie ist es nicht. Es gibt keine Schwerkraft für Gegenstände ohne Masse und auch innerhalb von Gegenständen gibt es keine Schwerkraft. Andere sagen, dass »Alles verändert und entwickelt sich« ein solches Prinzip ist. Materie mag der Veränderung unterworfen sein, aber Nicht-Materielles wie Geist, Schönheit oder Spiritualität verändert sich nicht. Wenn man das Universum genau betrachtet, versteht man, dass es keine allgemein gültigen Prinzipien gibt.

Warum aber suchen die Menschen nach allgemein gültigen, universellen Prinzipien? Sie suchen sie, um Entscheidungen zu treffen. Wenn man die richtige Art zu leben nicht kennt, will man Entscheidungen treffen und entsprechend dieser Entscheidungen handeln. Dazu braucht man universelle Prinzipien.

Wenn man versteht, wie Geist und Körper funktionieren, sieht man, dass die Handlungen nicht von Entscheidungen abhängen. Dann versteht man, dass man zum Leben keine universellen Prinzipien braucht.

Wie leben Sie jetzt gerade? Die meiste Zeit lebt man mit Harmonie. Wie sprechen Sie mit Freunden? Man denkt nicht erst nach und entscheidet dann, was man sagen soll, sondern redet einfach mithilfe seines Sinns für Harmonie. Wenn man sich liebt, braucht man keine Regeln und Gesetze, sondern lebt einfach zusammen.

Wenn die Liebe erlischt, beginnt man zu streiten und erstellt Regeln für das Privatleben, wie zum Beispiel, dass der Ehemann im ersten Stock wohnt und die Ehefrau im Erdgeschoss lebt. Dann verschlimmert sich die Situation, und man entscheidet sich zur Scheidung. Man will nicht mehr miteinander reden und überlässt das Problem den Anwälten. Das bedeutet, dass man von den Regeln und Gesetzen des Landes, in dem man lebt, abhängt. Genauso neigt man dazu, von Prinzipien abhängig zu sein, wenn man einen inneren Konflikt hat. Seine Probleme mithilfe von Prinzipien zu lösen, nennt man Selbstdisziplin. Warum aber können wir nicht immer mit Harmonie und in Liebe leben? Wäre das nicht einen Versuch wert?

18. Technik

Technik heißt, etwas anders zu machen als normalerweise, um auf harmonische Weise zu seinem Ziel zu kommen. Das gilt auch für Veränderungen im Leben.

Man will natürlich im Leben etwas verändern. Aber oft geschieht es, dass man dabei Schwierigkeiten hat, und das führt zu Frustration und Verzweiflung. Dann muss man eine bestimmte Meditationstechnik kennen. Zuerst muss man den Wunsch, etwas zu verändern, aufgeben. Man muss sich entscheiden, sein Leben für immer ohne Veränderung zu führen. Dann verändert sich etwas im Inneren des Körpers, und diese Veränderung führt zu einer Serie von weiteren Veränderungen. Schließlich wird sich das ganze Leben verändern, und diese Veränderung beinhaltet vermutlich die Veränderung, die man am Anfang gesucht hat.

19. Kein Atmen

Wie kann man Atmen im Alltag üben? Bei den meisten Leuten arbeitet das Zwerchfell nicht richtig und sie atmen mit der Brust. Bei normalen täglichen Aktivitäten muss man nicht sehr stark atmen, ein flaches Atmen genügt.

Maximales Atemvolumen = Bewegung der Brust plus Bewegung des Zwerchfells.

Bewegung des Zwerchfells = Maximales Atemvolumen minus Bewegung der Brust.

Das bedeutet, dass, wenn man sein Zwerchfell zu optimaler Bewegung bringen will, die Brust sich gar nicht bewegen sollte. Wenn man mithilfe der Übungen in Teil 3 herausgefunden hat, was die richtige Körperhaltung im täglichen Leben ist, muss man seinen Körper mithilfe der

Wahrnehmung kontrollieren. Dann bewegt sich die Brust nicht, und das Zwerchfell kann optimal arbeiten. Versuchen Sie es, wenn Sie eine Treppe nach oben gehen. Die meisten Leute atmen durch den Mund, wenn sie tiefere Atemzüge machen müssen. Wenn man aber durch den Mund atmet, atmet man unweigerlich mit der Brust. Öffnen Sie in solchen Situationen nicht den Mund und versuchen Sie kein Atemgeräusch zu machen. Dann werden Sie feststellen, dass das Zwerchfell optimal arbeitet. Man stellt auch fest, dass die Atmung sofort wieder ruhig wird, wenn man sein Ziel erreicht hat und stehen bleibt.

Wenn man diese Übung im täglichen Leben ausführt, wird man bemerken, dass man seinen Atem nicht mehr spüren kann, wenn man ruhig ist und sich nicht bewegt. Man bekommt das Gefühl, nicht zu atmen. Das ist normal, weil man die Bewegung des Zwerchfells allein nicht spüren kann. Was man fühlt, ist die Bewegung der Muskulatur um das Zwerchfell herum. Wenn sich das Zwerchfell sehr harmonisch bewegt, kann man dies nicht feststellen. Das ist »kein Atmen«. Man hat den Eindruck, das Atmen hätte aufgehört, und bemerkt eine tiefe Stille im Körper. Das ist, als ob ein Mensch, der in einer lauten Stadt lebt, in die Berge geht und dort die Stille entdeckt. Die meisten Menschen leben mit dem Lärm ihres Atmens und können so nie verstehen, was Stille ist. Erst wenn man versteht, was »kein Atmen« ist, kann man Stille verstehen, und man kann wirklich verstehen, was absolute Wahrnehmung ist.

Über den Autor

Kenjirō Yoshigasaki Sensei wurde 1951 in Kagoshima, Japan, geboren. Im Alter von 10 Jahren begann er mit Yoga, dann mit Aikidō und anderen Kampfkünsten, außerdem befasste er sich mit Zen-Buddhismus, dem Shintōismus, der christlichen Religion und dem Islam. 1971 hielt er sich zu Yogastudien für ein Jahr in Indien auf. 1973 wurde er Aikidō-Lehrer und unterrichtet seit 1977 Ki und Aikidō in Europa. Inzwischen betreut er mehr als 120 *dōjō* mit mehr als 4.000 Schülern in Europa, Südamerika und Südafrika.

Fordern Sie unser kostenloses Verlagsprogramm an!

Sie finden bei uns Bücher über Ki, Aikidō, Zen,
verschiedene Kampfkünste, Bushidō,
Buddhismus und östliche Heilkunst.

Werner Kristkeitz Verlag
Löbingsgasse 17 • 69121 Heidelberg

Internet: www.kristkeitz.de